Våra liv är inte bättre än de andras

Om sjöfarande kullabor under de seglande handelsfartygens sista epok

av Gunvor Svensson

Red: Sara Lindblom & Tore Persson

Gunvor Svenssons morfar, Johannes Jönsson, var befälhavare på barkskeppet Betzy år 1903. Hans son, Tage Jönsson, var samtidigt styrman på samma skepp (s. 107).

Våra liv är inte bättre än de andras
Om sjöfarande kullabor under de seglande handelsfartygens sista epok
Berättelser av Gunvor Svensson

© 2016 Sara Lindblom & Tore Persson (red.)
(www.torepersson.se)
Förlag och tryck: BoD
ISBN 9789174638370

INNEHÅLL

Gunvor Svensson (1926–2002) var lärare på lågstadiet. Född och uppvuxen i en sjöfararsläkt i Kullabygden kom hon att intressera sig för sjöfarten, framför allt de seglande handelsfartygen, för hembygden och för den egna släkten.

Förord

I en av lådorna i min pappas stora gamla ekskrivbord låg det ett sammetsetui med en medalj i. Jag brukade smyga in i pappas sovrum, sätta mig i skräddarsits framför skrivbordet och plocka fram etuiet. Stryka över sammeten och hålla upp medaljen med ett ankare och det gulröda bandet för beskådning. Sedan lade jag varsamt tillbaka medaljen i dess ask, så exakt det gick i avtrycket som medaljen gjort i sidentyget på askens insida efter så många år.

Pappa (Tore Persson) brukade berätta hur hans morfar, min farmorsfar, hade fått den av spanska kungen under första världskriget. Redan där väcktes mitt intresse för skepp och historier om seglatser på de sju haven. Och Kulla-bygden, som min släkt kommer ifrån, är fylld av sådana gamla historier. Farmor brukade även hon berätta historier, om framförallt sin fars, sjökapten V.A. Svenssons, äventyr.

Allra helst lyssnade jag dock till Gyller, min gammelfaster, som var en van historieberättare. Hon, som egentligen hette Gunvor Svensson, samlade och skrev ner gamla historier från bygden. Om fartyg och besättningar, om främmande länder, pirater och förlisningar och om sjömän och deras familjers vardagsliv.

I början av förra seklet hade ångfartygen redan börjat slå ut segelfartygen då de var överlägsna i snabbhet och förutsägbarhet. Deras minskade beroende av väder och vind ökade tryggheten och därmed vinstmarginalerna för skepparna och segelfartygens försvinnande var oundviklig.

Den romantiska bild av vita segel mot horisonten är tillrättalagd och det vet jag om. Ändå svider det i mig, på samma sätt som i min gammelmormors bror Tage, när jag tänker på att segelfartygen började bytas ut mot ångfartyg.

Jag kände tjärdoften i näsborrarna när jag läste *Vi, de drunknade* av Casper Jensen och när jag besöker storstäder i andra länder står det lokala sjöhistoriska museet högt på dagordningen. Jag stryker över träet på relingar under Tall Ship Race och beundrar tågen och repslagarkonsterna, som ligger synliga i perfektionistiska kransar på däck.

Det var inte bara de seglande skeppen som försvann runt förra sekelskiftet utan även den så kallade *lantmannaseglationen*, dvs att redare och skeppare kom från landsbygden och ofta också hade ett lantbruk som sköttes av hustrun med hjälp av någon dräng. Det var gården som gav den mer säkra försörjningen; seglationen kunde ge betydande förtjänster men också än större förluster – i pengar, skutor och liv.

Det var också en tid då man framför allt exporterade och importerade sådant som man saknade eller hade för lite av i det egna landet. Sverige exporterade till exempel trä och järn medan man importerade kol och salt.

Det var även då fartygens besättningar var betydligt mer beroende av – och utsatta för – vädrets makter. Om det vittnar de skildringar av skeppsbrott som Gunvor skrev ned. Som titel för denna bok har vi därför valt att citera den danske fiskare, som 1862 var med och räddade den svenska besättningen på briggen Daphne 1862: *...vort liv er ikke bedre en de andres!*

Kullabygden är trakterna i nordvästra Skåne, bestående av Kullahalvön, mellan Öresund och Skälderviken, samt området ner mot Helsingborg (i stort sett motsvarande dagens Höganäs kommun).

De flesta artiklarna om sjöfart publicerades i *Longitude – Tidskrift från de sju haven*. Longitude var en ovanligt vacker tidskrift som gavs ut från 1966 till 1999, vanligen med ett nummer per år. Utgåvorna handlar om yrkessjöfart under 1800- och tidigt 1900-tal, då segelfartyg fortfarande var den vanligaste fartygstypen.

Eftersom Gunvor Svensson fick sina berättelser publicerade i tidskrifter med skeppsvana läsare fanns inget behov av några särskilda *ordförklaringar*. Ett sådant avsnitt har vi dock valt att lägga till i slutet av boken.

Texterna är i stort sett återgivna så som Gunvor Svensson skrev och publicerade dem, med undantag för att några möjliga oklarheter vad gäller namn har förtydligats. De personliga breven är återgivna med de stavfel och ibland snåriga meningsbyggnader som man kan förvänta sig av sådana texter – inklusive den skånska dialekten som inte bör utgöra något större problem.

Förhoppningsvis utgör inte heller de få citaten på danska något större hinder för läsaren.

Men nu är det dags att lämna över ordet till Gunvor Svensson.

Sara Lindblom

Jultragedin vid Skagen 1862

Ingen som besöker Skagen kan undgå att stöta på namnet Daphne. Det finns en Daphnes Vej, och vid sidan om den står en obelisk till minne av Daphnes olycka. På Skagens gamla kyrkogård är minnesstenar utplacerade, och infälld i kyrkans södervägg kan en vacker bronsrelief beskådas. Följande bibelvers är ingraverad: *Ingen har större kjaerlighet end denne at en setter sit liv til for sine venner. Joh. 15:13.*

Den så uppmärksammade Daphne var en svensk brigg från Göteborg, som *tredje Juledag* 1862 strandade utanför Skagen. Hon fördes av kapten A.F. Lindbom och var på väg mot Celle med last av järn och trä. Att ge sig ut till sjöss under julhelgen brukar vara sjömäns lott, så även i detta fall.

Första och andra juldagen blåste det hårt, och natten till tredjedag jul blev det full orkan. Briggen Daphne drev ur kursen och fastnade på andra revet, ca trettio famnar från land. Det var vid Nordstrand. Besättningen, som kapat riggen, klänger sig nu fast vid resterna av skeppet för att värja sig mot storm och sjö. På morgonsidan är alla i ett tillstånd av största utmattning.

Först vid sjutiden på morgonen upptäcker skagenborna vad som skett. Det blir stor brådska vid räddningsstationen, och hela Österby kommer på benen. Hästar och vagnar anskaffas, och det bär i väg till Nordstrand. Väl framme spänns hästarna för räddningsbåten, som står i ett litet hus, och så går det med full fart ner genom klitterna till stranden. Jens Christian Jensen, förmannen, manar på. Han är rutinerad livräddare och har upprepade gånger dekorerats med silvermedalj. Föga anar han och de övriga den tragedi som kommer att drabba dem och deras anhöriga.

Genom stormen kan man höra de skeppsbrutnas rop på hjälp. De elva räddningsmännen går i båten, som sjösätts långt väst om briggen, eftersom man räknar med att den av stormen skall drivas ostvart.

På stranden står fiskare med sina hustrur och åser under tystnad de elva männens kamp. Väldiga bränningar slår över båten, som hotar att vattenfyllas, men männen klarar det, och för att bromsa farten ner mot Daphne fälls ett ankare, men förgäves. Båten driver förbi. De tio roddarna halar in årorna för att komma mot strömmen, och från Daphne kastas bojar med linor för att få kontakt med räddningsbåten. Det lyckas inte, strömmen för bort både linor och bojar.

I mer än två timmar sliter männen vid årorna och gör försök på försök. Till slut är de alldeles uttröttade, och från stranden skickar man ut signaler till dem att de skall komma i land och pröva ett annat sätt. De vänder båten och den förs av storm och bränningar upp på stranden. Utifrån vraket hörs de nödställdas förtvivlade rop genom stormen, då de ser att båten vänder och tror att räddningsmännen gett upp. Men dessa häller vattnet ur stövlarna, vrider ur tröjorna och är beredda igen. Fyra man orkar inte fortsätta, men nya anmäler sig frivilligt.

I två vagnar hämtas nu raketapparater, och båten sjösätts ännu längre västvart. Denna gång lyckas man komma i förbindelse med Daphne genom en bojlina från vraket, och som förste man glider skeppets båtsman ner i båten längs trossen. En annan är just på väg, då en väldig sjö får båten att kantra och lämnar den liggande med kölen i vädret.

Kvinnorna på stranden gråter förtvivlat. Männen får ut ett par fiskebåtar, men dessa slungas genast tillbaka upp på stranden. Olyckan har skett så snabbt, att ingen riktigt förstår orsaken. Männen i båten har korkbälten, men trots detta omkommer åtta av dem, däribland förmannen. Två lyckas klamra sig fast vid kölen och de räddas genom att fiskarna på stranden bildar kedja ett stycke ut i havet.

Från land avfyras raketer. Den första vill inte tända, och när nästa försök lyckas, driver linorna åt sidan och når inte skeppet.

Sedan stormen bedarrat senare på dagen, tar fiskarna ut sina båtar. Då någon menar att det kanske är för stor risk, svarar en av dem: *Det raader Gud for, vort liv er ikke bedre en de andres!* Först räddar en av båtarna en man, som kommer i land halvdöd. En annan fiskebåt räddar tre man, och klockan tio på kvällen kommer slutligen även de sex återstående skeppsbrutna sjömännen i land. Endast en av Daphnes besättning omkommer således, medan åtta skagenbor får sätta livet till i räddningsarbetet. Åtta änkor och tjugofem faderlösa barn har mist sina försörjare, alla i små omständigheter.

De omkomna jordfästes på nyårsafton vid en högtidlig ceremoni. Svenska tidningsmän, som hade sänts ut till Skagen, hade följande att förtälja:

> Vädret var vackert, solen log mot oss och sände sina varma strålar ned på de nakna sandrefven, liksom anade hon icke, på hvilken sorg och olycka hon nedblickade. På alla flaggstänger vajade Danebrogen på half stång, de döde till ära. Borgmästaren med många andra, gick omkring i husen hos de aflidnas familjer. I hvarje hus afsjöngs en psalm, innan liket bars ut.

Alla kistorna, hvilka voro smyckade med kransar och å hvilkas lock de medaljer hvilade, som åtskilliga af de aflidna förvärfvat sig genom att rädda människolif vid skeppsbrott, blefvo derefter förda till kyrkogården, der grafvarna voro uppkastade bredvid hvarandra. Pastorn på stället höll ett vackert tal öfver de aflidne, i hvilket han särskildt framhöll den goda sak, för hvilken de aflidne offrat sig, hvarjemte han talade tröstens ord till de efterlemnade sörjande. Derefter sänktes kistorna i jorden. Alla, som kunde, hade följt kistorna till kyrkogården, (deribland äfven den räddade besättningen å Daphne, för hvars skull olyckan timat) och det var rörande att se, den sorg och bedröfvelse som var utbredd öfver alla, unga och gamla, män och qvinnor och barn, och ymnigt runno tårarna, ej blott ur qvinnornas ögon, utan äfven ur gamla, härdade mäns. De omkomna efterlemnar åtta enkor och 25 barn.

Så snart olyckan blev känd i Sverige, tecknades på Börsen i Göteborg 1.000 rdr (riksdaler) till de efterlevande familjerna. Ytterligare 50.000 rdr insamlades gemensamt i Sverige och Danmark för att lindra de efterlevandes nöd.

Kritik av räddningsbåtens konstruktion kunde läsas i danska tidningar efter olyckan. En O.J. Winstrup ansåg, att båtarna var för korta i förhållande till sin bredd. De tre kölarna var dessutom bara till skada, ansåg han. När båten är kort och sjön hög, blev det ett starkt tryck mot den flata bottnen. En bra konstruerad och starkt byggd fiskebåt vore att föredra, ansågs det. Redan vid olyckstillfället yttrade en gammal fiskare: *Der kan de se at det er sandt hvad jag sagde til Dem i fjor, at det kan kun lidt nötte at redningsbaaden ikke kan synke, naar den dog vaelter og manskabet drukner!*

Den 18 mars 1863 siktades vid Grenen ett litet segelfartyg, som hade en båt på släp. Det var den bortdrivna räddningsbåten, som hamnat i Sverige. Skepparen i skeppet företedde som bevis från den danska vicekonsuln i Marstrand att frakten tillbaka utgjorde femtiofem svenska riksdaler. Båten var emellertid i så dåligt skick, att det inte lönade sig att reparera den.

(Publicerad i Longitude 27, 1991, och i tidskriften Kvällsstundens Julnummer 1990)

Råsegelskonaren Christine, "Kollbergs Christina" (målning).

Kapten Nils Pehrsson Lund
och "Kollbergs Christina"

För de flesta kullabor var Halmstad en centralpunkt under segelfartygens glansepok. Här hade man mönstrat ut som jungmän på sin första resa, för sjömanshus inrättades inte i Helsingborg förrän 1862. Så småningom, när man blivit välbeställd skeppare i en jakt eller skonert byggd på stränderna i Arildsläge eller Nyhamn, gick färden ofta till Halmstad. Där gjorde man upp affärer med skogsbönder från det inre av Halland och köpte virke och bräder, som såldes vidare till Danmark.

Med tiden byggdes större skutor, men på 1870-talet gick man i allmänhet över till andrahandstonnage, och skeppen ägdes ofta av hallänningar och kullabor gemensamt. Redarnamn som Holm, Nyman, Schele och Kollberg blev välbekanta i många kullahem. Befälhavarna i halmstadsskutorna kom inte sällan från Kullen. Briggen Unico till exempel fördes av C.H. Malmberg från Brunnby, barkskeppet Arabella av N.P. Lundh från Nyhamn och råsegelskonaren Christine av Nils Pehrsson Lund från Arildsläge.

Det senare skeppet kallades under sin halmstadstid allmänt för *Kollbergs Christina*, eftersom handlanden C.M. Kollberg var huvudredare. Hon var byggd i Västervik 1857 och mätte 186 nrt (nettoregisterton). År 1872 såldes hon till

KAPTEN NILS PEHRSSON OCH "KOLLBERGS CHRISTINA"

ett partrederi i Arildsläge, och den nya redaren, Christian Larsson, förde själv skutan. Hon hamnade därefter i Göteborg och så småningom i Lysekil, men då var hon riggad som en tremastad slätskonare.

Nils Pehrsson Lund förde Christine under åren 1868-1870, och det blev åtskilliga resor både i europeiska och utomeuropeiska vatten. Enligt kaptenens kassabok, som jag haft tillgänglig, besöktes hemmahamnen Halmstad endast en gång under dessa två år. Det var i april 1870. Som alltid då Christine anlände, gick halmstadsborna man ur huse för att välkomna henne.

Hon var annars en inte alltför ovanlig syn i hemstaden. Hon hämtade vanligen salt till Halmstad från Cagliari på Sardinien eller från St. Ybes i Portugal.

Forbönder från Småland brukade på sin färd till Halmstad i och för saltaffärer med det kollbergska handelshuset passera Snöstorps kyrka. En anställd i konkurrentfirman Carlsson & Pihl, kallad Pihla-Jönsson, stod en gång på pass vid kyrkan och varnade dem med följande ord: *Akten er noga att gå till Kollberg, för han har just fått hem en saltskuta, och nu har det gått mask i lasten, så saltet är alldeles odugligt.* Mer än en godtrogen smålänning lär vid detta tillfälle ha undvikit att handla med Kollberg.

Christine kom även med frukt, i synnerhet apelsiner från Messina på Sicilien. Då var stämningen uppåt. Ett ögonvittne berättar hur det var, då skutan lade till i hamnen: *Hela staden var på benen, saluten dånade, besättningen mannade rå och svängde glatt sina mössor. Särskilt för barnen var det fest, och fingo de en apelsinklyfta var, ingalunda en hel apelsin, voro de överlyckliga.*

Förutom apelsiner och andra frukter från Sydeuropa i lastrummet brukade Christine som däckslast ha bambuliknande rör, som användes för tillverkning av vävskedar. Dessa rör köptes av bönder från Markaryd, som hade denna tillverkning som bisyssla.

Kapten Pehrsson Lund var en ovanligt djärv och duglig befälhavare, och Christine var ansedd som en verklig snabbseglare. Det påstods att hon kunde göra upp till elva knop bidevind. Gamla sjömän brukade ofta berätta om hennes kryssningar genom Gibraltar sund eller hennes rekordresa från den sydamerikanska västkusten runt Kap Horn till Västindien, då en prins över-lämnade en flagga som belöning för den snabba seglatsen.

En annan omtalad snabbresa Christine gjorde var i början av år 1870, då hon vann en kappsegling från Messina till Göteborg. Fyra andra skutor, som också lastade sydfrukter för Göteborg, tävlade med henne om ett pris, som var uppsatt för det skepp som kom först fram.

Kappseglingen hade sina poänger. Då skutorna väl var uppe i Biscaya, blåste hård ostlig storm. Konkurrensskutorna chansade på att vinden skulle gå på syd och styrde upp mot Engelska kanalen. Kapten Pehrsson Lund däremot lät Christine löpa undan väst om Irland och norr om Orkneyöarna, och där blev vinden nordlig, senare nordvästlig. Med öppen vind gick det undan, och Chris-tine anlände som segrare till Göteborg. Som belöning erhöll hon en förnämlig guldmedalj, på vilken var ingraverat: *Till skonert Christine – Kappseglaren från Norden*. Besättningen fick dessutom etthundra kronor i guld, en ansenlig summa på den tiden.

En halmstadsbo vid namn Carl Magnus Carlsson seglade som matros ombord i Christine, då Nils Pehrsson Lund förde skutan. På äldre dagar berättade han ofta om denna tid, särskilt om de långresor som företogs till Sydamerika.

Vid jultiden 1868, berättade han bland annat, efter två månaders resa från Rio Grande i Brasilien, låg Christine till för små segel väster om Engelska kanalen. Västlig storm rådde. I gryningen siktade man en trädbevuxen landtunga. *Det är Falmouth*, påstod kapten Pehrsson Lund, och han hade rätt, det var Falmouth!

Följande år i februari månad avseglade Christine från Lissabon, återigen med Rio Grande som destination. Resan hem till Europa påbörjades den 5 juni, men inte förrän den 25 augusti anlände man till Queenstown. Långa perioder hade det varit stiltje, och provianten hade börjat tryta. Då allmänt missnöje så småningom börjat sprida sig bland besättningen, hade kapten Pehrsson Lund tröstat sina mannar med: *Om en timma skola vi se Queenstowns fyr, varen icke ledsna!* Vår sagesman hade sänts upp i märsen, och, mycket riktigt, han hade sett fyren.

Sedan kapten Pehrsson Lund lämnat Christine, förde han briggen Dan av Helsingborg, och resorna gick långt bort till Fjärran östern. På återresa från Ostindien dog han ombord i gula febern den 18 april 1873. Han ligger begravd i Padang på den ostindiska ön Sumatra.

Christine seglade under olika ägare fram till 1925, då hon sorgligt nog degraderades till pråm. År 1961 gjordes efterforskningar efter pråmen, men man fann varken den eller ägaren. Enligt dåvarande hamnmästaren i Torekov, hade Christine åtskilliga år tidigare huggits upp i Torekov, ett icke helt ovanligt levnadsslut för segelfartyg hemmahörande i Halmstad.

Kring sekelskiftet, då ångbåtarna började ta över på världshaven, upphörde Halmstad att vara kullabornas sjöfartsstad. Nu "seglade" man i stället med ångbåtar hemmahörande i Helsingborg, som blev den dominerande sjöfartsstaden i Skåne.

De gamla segelfartygen från Halmstad finns emellertid ännu kvar i många hem i Kullabygden i form av målningar. Barkskepp, briggar och skonerter seglar fram över grönblå hav med namnvimpeln stolt fladdrande från stortoppen och signalflaggorna hissade. De erinrar om en epok som tog slut i och med första världskriget.

(Publicerad i Longitude 26, 1990)

Skonerten Iduna (målning).

Skonerten Idunas förlisning 1881

Den svenska skonerten Iduna hör till de många skepp som förliste på Jyllands västkust. Hon gick på i november 1881 utanför Tornby, och av folket ombord på åtta man räddades alla utom matrosen Olof Johansson från Hullholmen i Bohuslän.

Hon var byggd i Visby 1849 och förbyggd i Helsingborg 1862. Vid tiden för olyckan var hon redad av A.P. Larsson och förd av kapten Hans Petter Nilsson, båda från Arildsläge. Hur förlisningen gick till kan man läsa om i gamla *aviser* från Kullabygden.

Hon hade avseglat från Grimsby den 16 november 1881 klockan 1 eftermiddag. Destinationen var Malmö och lasten bestod av kol, den vanliga lasten från England till Sverige vid denna tid.

Vinden var god till torsdag förmiddag. På eftermiddagen växlade den från nordlig till västlig, och det blåste upp till storm. Det dåliga vädret fortsatte till fredag natt. Man måste reva segel, och till slut låg skonerten för endast små stormsegel.

Vädret fortsatte att förvärras. Natten till lördagen blev det nordlig vind med regntjocka och hög sjö, och detta fortsatte hela lördagen. Klockan 10 eftermiddag stötte Iduna plötsligt på grund. Kapten hade varit övertygad om att man inte passerat Hanstholm och att de med den kurs man styrde skulle gå klara för Skagen. Den starka strömmen hade tydligen bidragit till att sätta skeppet ur kurs.

Efter en halv timmas tid lyckades de få skeppet av grundet, och hon började driva, men bara för en kort stund. Snart satt hon åter fast, förmodligen på en ny sandreva.

Nu gällde det att rädda sig i land. De satte i livbåten, och en av matroserna började ösa den läns. Två brottsjöar fyllde den emellertid strax igen, och när matrosen väl tagit sig tillbaka ombord skeppet, slets livbåten loss av sjön och försvann.

Vid gryningen drev Iduna närmare land. De sjösatte nu den sista båt de hade, en liten sådan, och tre man gick i båten. Den kantrade. Två av männen lyckades rädda sig upp på kölen, men den tredje, som inte var simkunnig, råkade få fånglinan om ena benet och föll i vattnet. Samtidigt slog han troligen huvudet i båten och förlorade medvetandet. Besättningen halade in honom och gjorde alla möjliga försök att få liv i honom, men förgäves. De två övriga hjälptes oskadade ombord.

Alla försök att nå land på egen hand gavs nu upp. Räddningsbåten larmades och kom vid tiotiden på söndagsmorgonen. De sju männen ombord i Iduna *bergades*, och den döde matrosen togs med i båten.

Ett protokoll över hur räddningen gick till finns bevarat i Hjörrings museum och ger fler detaljer om händelseförloppet. Enligt protokollet fick räddningsstationen bud om Idunas strandning klockan halv nio på söndagsmorgonen. Manskapet och ägarna till sex par transporthästar larmades, och alla mötte genast upp på stationen. Av hästarnas antal kan man sluta sig till, att räddningsbåten var mycket stor. På Skagens museum kan man se, hur en sådan båt var byggd och vilka oerhört stora åror den var utrustad med.

Raketapparater lastades på två vagnar klockan kvart över nio. Avståndet till platsen där skeppet strandat var omkring en mil. Båten på sin vagn drogs av hästarna, och vid tiotiden var man framme. Det var mycket besvärligt för hästarna att ta sig fram på stranden.

Då Iduna låg endast femtio famnar från land och sjön gick hög, beslöt man att inte använda raketapparaten. Skeppet låg väster om Liveråns utlopp, och utanför låg en hög sandbank. Båten drogs raskt av vagnen och sattes i ån, varpå man rodde över till åns andra sida, drog båten över banken och rodde ut till skeppet. Där var männen beredda. De gick genast i räddningsbåten och fick den döde matrosen med sig. Brottsjöar slog upprepade gånger in över båten, och man måste hela tiden ösa.

I slutet av protokollet skriver den danske opsynsmanden, Thomsen: *Reddningsmandskabet saa naesten vaerre ud end Baadmanskabet, da de maate vade over Aaen for at bjerge Baaden. Den döde Mand blev da lagt i en privat Vogn, som var til Stede, og bragtes op til en Strandfogde. Det övrige Mandskab blev sammen transporteret op fra Stranden.*

I slutet av protokollet får vi också reda på att Idunas befälhavare hette Nilsson och att skeppet mätte 169 rt (registerton). Några ytterligare upplysningar ges ej. Protokollet skrevs dagen efter räddningen av de skeppsbrutna, alltså den 21 november 1881.

Orsaken till förlisningen kan måhända ha varit, att kapten Hans Petter Nilsson, som fört Iduna i knappa tre månader, inte var rutinerad nog. Hursomhelst därmed är det säkert att Tornbykusten under sydvästlig storm var en svår nöt att knäcka för alla befälhavare. Detta intygas av författaren J.P. Nielsen, som i sin bok *Ryggen mot Vesterhavet* skriver:

Når et sejlskab under en storm af sydvest langs den jydske westkyst sögte nordpå for at runde Skagen, og da var så heldig at klare landet fri, indtil skibet kunne runde pyntet ved Hirtshals, da var skibet atter i rum sö takket vare Uggerbugtens dybe indskaering. Tornbykysten var således absolut den farligste.

(Publicerad i Longitude 31, 1995)

Hönsa för Kullen

Som alla vet brukade man förr vid passerandet av ekvatorn låta döpa de sjömän och passagerare som var noviser. Även i Europa fanns tre dopplatser, nämligen Gibraltar Sund, Nordkap och Kullen. Den mest berömda platsen är utan tvivel Kullen, och uttrycket att *hönsa för Kullen* var känt av alla sjömän.

Man brukar framhålla, att den äldsta beskrivningen av Kulladopet återfinns i en bok, vars fullständiga titel lyder: *Journal över den holländska beskickningens resa till de svenskryska fredsunderhandlingarna i Diderina 1615-1616*. Författaren heter Anthonis Goeteris och han har också illustrerat boken med sammanlagt 24 kopparstick. Förre museichefen i Helsingör, Henning Henningsen, har dock påvisat, att det finns en äldre vittnesbörd.

År 1612 passerades Kullen av en fransman, Anthony de Lybrey. Han hade tillsammans med holländaren Markus van Syrenberig hyrt ett danskt fartyg i Amsterdam, destinerat till Helsingör. De bägge herrarna hade vid Kullen blivit tillfrågade, om de ville bli döpta eller om de ville lösa sig fria med pengar. Holländaren betalade, men fransmannen vägrade. Ett par av fartygets matroser tog då tag i honom och doppade honom flera gånger i vattnet. Vid ankomsten till Helsingör klagade fransmannen vid rådstuverätten. En av matroserna erkände då tilltaget, men om det blev någon påföljd står inte antecknat i *Raadstuebogen*.

För att återgå till Goeteris ovan nämnda Journal finns där följande beskrivning att läsa:

Den 6 september (1615) passerade vi några klippor hörande till Norge och vid middagstiden ett berg vid namn Kullen. Så snart man fått det i sikte är det brukligt att döpa dem, som kommer dit för första gången, i det de tre gånger nedsläppas i vattnet med en lina från en rå och åter upphalas. Dock kan man köpa sig fri med ett penningbelopp till besättningen, härav begagnade sig herrar sändebuden och sviten, men några av besättningen, som aldrig varit där förut, sluppo inte undan.

En medresenär har ibland gjort randanmärkningar i boken och när det gäller Kulladopet, skriver han: *Huru hade de kunnat slippa undan då till och med Hans Majestät av Danmark blivit döpt utanför denna klippa.*

Enligt samme meddelare bestod betalningen av två tunnor öl och tre skinkor.

I en annan resebeskrivning från 1634 beskrivs livfullt, hur det gick till, när fransmannen Charles Ogier passerade Kullen. Han åtföljde i egenskap av sekreterare sin ambassadör till Danmark med anledning av prins Christians bröllop:

Omsider randades den glada dagen, då vi i gryningen siktade och passerade bergudden Kullen, som är en del av Skåne. Från fartyget avfyrades en kanon, och sjömännen upphävde glädjerop, som vi andra, som sprungit ur bädden, instämde uti. Det råder den lustiga och (för sjöfolket) inbringande seden, att de, som för första gången färdas genom Sundet, när de anlänt till denna bergudde, skola doppas i sjön, som man kallar döpas, eller med något belopp friköpa sig från sådan behandling. Denna betyder ej mera än en lek för skeppare och matroser, som inte frukta havet mera än fastlandet. Och således blevo

alla vederbörande – såväl sjömännen som soldaterna – med ett rep bundet under armar-
na över bröstet hissade upp till rån, varifrån de med lös lina fingo falla i sjön, varefter de
strax drogos upp igen, och detta ända till tre gånger. Nu skred konstapeln, som förestår
artilleriet ombord, på festligt vis fram till ambassadören, förklarade för honom sedvänjan
och bad om en hederlig lösenpenning. Vi alla, som voro med i hans svit, gåvo vardera en
riksdaler.

Att hönsning vid Kullen var vanligt, och ibland till och med ansågs farligt, bevisas av att det fanns en särskild passus om företeelsen i Carl XI:s sjölag av år 1667. I Skipmanna Balkens xx:e Kapitel står följande:

> Om förbud aff skipsfolcks döpning.
> Seglar någon skipare härefter förbi Kollen eller annat nääs och odd ther man haffwer varit wahn att döpa them som samma farht icke förr farit hafwa, thå skal effter denna dagh sådan döpning hwarken tålas eller tillåtas. Utan skiparen giffwe för hwartdera båtsman som ther tilförene ej seglat hafwer en kanna wijn till hwart maatlagh aff sitt skipsfolck, så att hwar får en dryck theraff. Men andre sjöfarande skola alldeles frije wara med mindre the aff egen godhwilja något för sigh giffwa will til skipsfolckets bästa. Giör någon häremot medh twång eller annat, blifwe therföre straffat effter domarens godhtyckio.

Även Christian V förbjöd all pennalism ombord i danska fartyg i sin nya sjölag av år 1683, men trots detta fortsatte dopen vid Kullen, fast under mildare former. Det vanliga var nu, att man band offret vid stormasten och öste vatten över honom. Man kunde också låta honom löpa gatlopp ombord, allt medan kamraterna med fyllda vattenspannar såg till, att han blev väl så döpt som om han blivit doppad i sjön.

Carl Tersmeden, sedermera amiral, passerade på sin första utlandsresa år 1724 Kullen ombord i ett kofferdifartyg. I Helsingör hade en ung dam varnat honom för hur det kunde bli, när han skulle passera Kullanäset. Hon rådde honom att ta med förfriskningar till besättningen, om han ville undvika att bli döpt. Carl Tersmeden skrev så småningom sina memoarer (de trycktes först 1912), och här följer avsnittet om färden genom Sundet:

Den 28 april blåste en skön kultje utur SSO då vid kl 7 om morgonen öfver 80 seglare gingo till segel och passerade Kronborgs slott. Det var en ny och för mig obeskrivligt vacker coup d'oeil, att se så många seglare inom dess trånga gränser mellan Sundet och Kullen.

Pusten (det vill säga öfverstyrman Pust) hviskade i tysthet till mig att hafva några butelier till reds "ty då vi komma till Kullen ska ni hönsa". – Jag bad honom taga 4 buteljer sött vin utur Stockholmskorge och hafva tillreds, så att intet kaptenen visste däraf. Och då vi litet på denna sidan Kullen lämnat lotsen, kom högbåtsman med 6 man, alla med råband i hand, höll mig fast och frågade med allvarsam min, om jag någonsin passerat Kullen till sjöss. – Nej men jag har ett par buteljer vin, att vi tillsammans dricka Kullens och vår lyckeliga resas skål. – Låt komma hit vinet, att vi för göra vår skyldighet så är ni fri, svarade högbåtsman, och Dickesson (kaptenen) skrattade och frågade, hvem som lärt mig lösen. Pusten hämtade vinet och ett ölglas, hvarmed jag drack Kullens och vår lyckeliga resas skål, hvilken sedan gick från kapten allt till kajutpojken med ett fullt ölglas, att i stället för 4 buteljer strök 7 med, innan alla druckit skålen.

Ombord i svenska fartyg höll man fast vid bruket att hönsa för Kullen ända till slutet av 1800-talet. Längst tycks traditionen ha hållit sig i skepp från Finland och Estland. I dessa höll man på ända till början av 1930-talet. Då brukade

Kullabissen uppträda och leda vissa ceremonier, som för tankarna till linjedopen. Neptun skulle då ha ersatts av *Kullamannen*.

Att hönsa betyder helt enkelt att erlägga sin avgift, när man inträder i ett gille eller skrå. Kulladopet var på så sätt ett slags invigningshandling men kom så småningom även att ta formen av en hälsningsceremoni. Man ville visa sin aktning inte bara för *Kullamannen* utan för Kullen överhuvudtaget.

(Publicerad i Longitude 20, 1984)

Skonertskeppet Florida (målning).

Skåneskuta seglade med kanater

Inte förrän i slutet av 1800-talet började man inleda kommersiella förbindelser med de vilda Salomonöarna i Söderhavet, kända för sin kannibalism. Det skedde inte utan många stridigheter.

I Öresundsposten kunde man i december månad 1880 läsa en artikel om hur några engelska matroser med sin löjtnant blivit dödade under en rekognosceringstur längs ostkusten av Florida, en av öarna. De hörde till det engelska örlogsfartyget Sandfly.

För att hämnas landsteg en underlöjtnant tillsammans med några man, brände ner infödingarnas by och lyckades föra med sig sina mördade kamrater. Under denna expedition dödades ytterligare en matros och en sårades. En man räddade sig simmande och plockades upp efter fem dagar.

Ytterligare bevis på vanskligheterna i dessa farvatten kom bara några veckor senare. I ett brev till Ny Illustrerad Tidning berättar Oscar Netzler, svensk konsul i Brisbane, Australien:

Ångaren Ripple hör till den rätt talrika flotta som i och för byteshandel eller ock för att värfva negrer till arbete i Australien färdas mellan Södra Stilla Oceanens öar. Herr Netzler öfverraskades en dag i slutet af september af att utanför sina fönster se den välbekante ångaren gå till ankars med flaggan på half mast. Aningen om ett olycksfall besannades då han af maskinisten och styrmannen fick veta, att infödingarne, som vid en af Salomonöarna kommit ombord för att afyttra pärlemor m.m. helt plötsligt öfverfallit fartyget, mördat kaptenen, dennes svarta tjenarinna jemte några af besättningen. Sannolikt hade vildarnes vinningslystnad retats av den mängd bytesvaror som utbreddes för deras blickar.

Först efter en blodig kamp, under hvilken större delen af manskapet sårades eller dödades, hvarjemte 50 af vildarne tillsatte lifvet, lyckades man att tillbakadrifva de anfallandes talrika skaror, hvilka flyktande i sina kanoter öfveröste ångarens däck med en skur af pilar och kastspjut. – Kaptenen, hvars namn var Fergusson, lär vara mycket saknad såväl af de hvite som af venligt sinnade infödingar, af hvilka en stam t.o.m. korat honom till höfding.

Oscar Netzler var, inom parentes sagt, barnfödd i Helsingborg och hade efter en tämligen misslyckad affärsbana i hemstaden emigrerat till Australien. Här var han mera framgångsrik, och med tiden förvärvade han sig en stor plantage på Samoaöarna.

Nåväl, med tanke på dessa och många andra liknande rapporter kan man förvåna sig över att små svenska segelskutor inte bara förekom i dessa oroliga vatten utan också vågade frakta vilda infödingar mellan öarna. När jag var barn, hade vi en granne, sjökaptenen A.P. Larsson, som med sitt skepp Florida gett sig ut på sådana äventyr på 1890-talet.

Florida var ett tremastat skonertskepp, hemmahörande i Helsingborg. Besättningen var huvudsakligen *kullabo-yankar*.

Här följer nu en helt sannfärdig skildring av vad dessa hårdföra män upplevde, när Florida seglade i Söderhavet med last av infödingar, som hyrts ut av sina hövdingar till arbetskraft på de olika plantagerna. Av de vita kallades de kanaker, ett polynesiskt ord som helt enkelt betyder människor.

"Arbetsgivaren" var Tyska Handels- och Plantagekompaniet på Samoa. De hade omfattande odlingar på ön och rekryterade arbetskraft från Salomon-öarna, i detta fall Mioko, belägen ganska nära Nya Guinea. Idén var på intet sätt ny. Engelsmännen hade tidigare på samma sätt skaffat sig billig arbetskraft till sina plantager i Queensland.

Alltnog, Florida hade tidigt på våren 1891 anlänt till Finland för att lasta trä för Sydney. Resan dit gick planenligt, och man låg kvar en vecka för att invänta vidare order från rederiet. Besked kom att man skulle segla till Mioko för att därifrån frakta cirka tvåhundra infödingar till Samoa.

Inför den förestående resan gällde det att ta ombord proviant och dessutom nyttogrejor såsom husgeråd, tobak, knappar och kläder samt sist men inte minst tio gevär, en del revolvrar, yxor och pikar. Man var varnade i förväg. Australierna hetsade upp besättningen med sina berättelser om de vilda kana-kerna, som gärna spisade vitt människokött. Tre man rymde, men kapten Larsson lyckades få tag i nya: en tysk, en filippin samt en person av obestämd härkomst.

Så bar det iväg. Sjökorten var bristfälliga, och det fanns inga fyrar, inga lotsar och plötsligt och överraskande kunde det komma tyfoner och andra oväder. Sunden mellan öarna var ofta smala, men man vågade inte göra strand-hugg, eftersom man då riskerade att hamna i grytan. Det bästa var om man kunde locka hövdingarna ombord och bjuda på mat, brännvin och tobak. I synnerhet uppskattades tobaksflätor, om man gjorde byten. Infödingarna erbjöd bland annat pärlemor, snäckor, pilbågar med förgiftade pilar, spjut.

Väl anlända till Mioko lastade man kanakerna, män och kvinnor, ombord. Alla var värvade av en mäklare från det tyska handelsbolaget, och deras kontrakt lydde på tre år. En tysk uppsyningsman medföljde skutan.

Kanakerna föstes ner i lastrummet, där de hade sina sovplatser. Däcket hade täckts med tegelstenar, och på dem hade två stora grytor placerats. Varje morgon delade tysken ut varsin kokosnöt till ”passagerarna”, men middagen fick de sedan laga själva, och till den åtgick tre pytsar ris. Sedan serverades återigen kokosnötter samt jams och brödfrukter. Då det var tämligen fritt från hajar, kördes hela sällskapet ner i sjön för ett svalkande och uppfriskande bad.

Efter sex veckors resa utbröt en epidemi bland infödingarna. En del dog, och man ordnade en riktig sjömansbegravning med bibelläsning och psalmsång.

Den 20 september 1891 anlände Florida slutligen med sin last till Apia, huvudstaden på Samoa. ”Lasten” lossades, och man låg kvar en månad i väntan på returlast. De kanaker som fullgjort sin kontraktstid skulle nu forslas hem till Malaita, en av Salomonöarna.

Under väntetiden snyggade man upp ombord. Skeppet skrubbades invändigt med en blandning av karbolineum och vatten för att desinficera efter epidemin. Sjömännen passade också på att bekanta sig med omgivningarna, och på Samoa var det mer civiliserat än på Salomonöarna. Märkligt nog träffade dessa *kullabo-yankar* en man från Helsingborg, som var gift med en infödd kvinna, och dessutom en friherre Cedercrantz, som vid denna tid fungerade som någon slags överdomare på Samoaöarna.

Så småningom kom en liten ångbåt tuffande med kanakerna de väntat på. När dessa anlänt tre år tidigare till Apia, hade de varit spritt nakna med undantag av en fjäderbuske på huvudet, men nu var de alla iförda kjolar. Och de bar med sig sin lön: ett stycke tyg, en pipa, några tobaksflätor samt tre pund. Det var ju inte mycket att skryta med efter tre års hårt arbete, men förmodligen hade deras hövding stoppat det mesta i egen ficka – om han nu hade någon sådan.

Återresan gick betydligt snabbare än utresan. Efter fyra veckor var man framme vid målet, Malaita. Sedan kanakerna satts i land låg man stilla ett par dagar i Alita Bay för översyn av skeppet.

En kväll kom några infödingar paddlande ut till Florida för att tigga eller rentav stjäla tobak. De uppträdde mycket hotfullt och var beväpnade med spjut och klubbor. Kapten Larsson avvisade dem bestämt, men utan resultat. De envisades med att stanna kvar. Då sköts varningsskott från Florida. Kanakerna tjöt och skrek och knöt nävarna men återvände till sin ö.

Där samlade de ihop sina kamrater, och efter ett par timmar omringades Florida av ett hundratal infödingar. Ett skott sköts mot en kanot, som fick ett hål och började ta in vatten. Ägaren bröt då av ett spjut och pluggade igen hålet. Under hemska vrål och hotelser försvann de sedan, men ombord på Florida vågade man ej sova. För säkerhets skull hölls alla gevär och revolvrar redo.

Nu gällde det att så snabbt som möjligt sätta segel och komma ut i rum sjö. Väl ute anlöpte man en av de andra öarna och fick en last av kopra. Med den satte man kurs mot Europa, där kopran avyttrades i Lissabon, och med en last foderkakor, som man erhållit i Marseille, anlände Florida på eftersommaren 1892 till hemmahamnen Helsingborg. Den äventyrliga resan var över, och såväl kapten Larsson som besättningen hade klarat den helskinnade.

Så måste det då sägas till slut, att när man tagit del av sådana här berättelser om hur man i gången tid behandlade de färgade, känner man sig inte särskilt stolt över att tillhöra den vita rasen.

(Publicerad i Longitude 29, 1993)

Äventyr med barkskeppet Wanja

I december månad 1891 sjösattes det sista skepp som byggts av trä på Helsing-
borgs Varf. Det var barkskeppet Wanja som gick av stapeln, och många skåde-
lystna hade samlats för att bevittna evenemanget. Öresunds-Postens reporter
fanns på plats och gav en livfull skildring:

> Snart förkunnade slagen af arbetarnes släggor mot *låserne* (stöttorne, de
> sista hållhakarne), att det afgörande ögonblicket var inne. Sedan hammar-
> slagen förklingat tog tyngdlagen ut sin rätt, och kolossen for ljudlöst och
> snabbt nedåt slipen och ut i hamnen, der den dref upp en fräsande våg fram-
> för bogen. I samma ögonblick utvecklade sig den blåa och gula vimpeln på
> fartyget och visade namnet Wanja, som genast upprepades af hundratals
> munnar och helsades med ihållande hurrarop af arbetarne inne på varfs-
> gården. Derpå inträdde det kritiska ögonblicket: trossarne spändes som
> strängar men bestodo profvet.
>
> Wanja som skall riggas till barkskepp, är 135 fot lång, 30 fot bred och 14
> fot djup. Befälhavaren, kapten L.P. Norrman, är själv delägare.

Sedan barken riggats och all inredning fullbordats, tog kapten Norrman sitt
skepp i besittning och avseglade från Helsingborg den 27 april 1892. Jungfru-

resan gick mot Afrika via Sundsvall, där en last av trä intogs. Besättningen uppgick till tio man, de flesta från Kullabygden.

Efter två seglationsår skedde ny påmönstring. Praxis var att man var bunden till sitt skepp två år, såvida skeppet höll sig på denna sidan Goda Hopp, annars var tiden tre år, innan man fick avmönstra.

I maj månad 1894 avseglade Wanja från London med destination Delagoa Bay i Sydafrika. En engelsk präst medföljde som passagerare, något som inte sågs med blida ögon av besättningen. Att präster ombord i seglade skepp betydde otur visste ju alla.

I närheten av Kanarieöarna siktades en slättoppad skonare, som till synes låg och drev vind för våg. Hon såg ut att ha övergivits, och eftersom det rådde en laber passad, höll kapten Norrman ned mot henne. Plötsligt upptäckte både han och vakthavande styrman, att skeppet var bemannat och att man redan satt en båt i sjön. Under mesangaffeln hissade man den spanska flaggan.

Ombord på skonaren syntes endast två man, men i båten var det inte mindre än tio. Det verkade misstänkt med så många i båten och så få i skeppet, och på däcket i skonaren syntes ännu en stor båt, något högst ovanligt för ett så litet skepp. För säkerhets skull hämtade kapten Norrman sin revolver, och så gjorde även de två styrmännen och den engelske prästen. Dessutom beordrades vakthavande styrman att ej räcka någon lina till båten.

Då båten kommit längs sidan av Wanja, anropades kapten Norrman av en man, som på spanska förklarade sig vara skonarens styrman. Han anhöll att få komma ombord med sitt folk, vilket kapten Norrman naturligtvis inte gick med på. Blott styrmannen tilläts komma ombord. Denne påstod nu, att kaptenens hustru var med ombord på skonaren. Hon skulle nyss ha fött ett barn, och styrmannen begärde hjälp med medicin och proviant. Under tiden iakttog kapten Norrman båtbesättningen och gjorde den reflexionen, att ingen av dem bar kniv. Det var annars ett vapen som ingen spansk sjöman brukade sakna.

Medan detta pågick, hade skonaren kommit tätt inpå Wanja. Plötsligt kryllade det av folk på däcket. Ombord i skonaren syntes nu cirka trettio man och nio pojkar. Alla bar de byxor av segelduk och segeldusbussaronger med kapuschong. Befälhavaren eller ledaren var en högrest ståtlig man av nordisk typ.

I Wanja fick man sig nu till livs en helt annan historia av den främmande styrmannen. Skonaren hade, sade han, blivit vinddriven från Barna i hårt väder, och man kunde inte hitta hem. Ingen ombord var kunnig i navigation, eftersom skeppet i vanliga fall endast gick i kustfart. Inte mindre än arton dygn hade man drivit omkring och i nio dagar fått klara sig utan både proviant och vatten. Då kapten Norrman lät skicka över ett par säckar bröd, lite kött och en kagge vatten, var det emellertid ingen som rörde livsförnödenheterna.

Styrmannen observerade och granskade allting ombord i Wanja och undrade om hela besättningen befann sig på däck. Kapten Norrman beslöt sig för att bluffa och svarade, att endast de som hade vakten var på däck. De andra hade frivakt.

Så ville styrmannen ha det. Meningen var av allt att döma att minska antalet män på däck, så att folket i båten lättare skulle kunna ta sig ombord. Nu var måttet rågat, ansåg kapten Norrman och uppmanade spanjoren att avlägsna sig. Samtidigt drog han, styrmännen och den engelske prästen sina revolvrar.

Det var i sista stund, ty männen i båten hade gjort ett snabbt men misslyckat försök att äntra ombord. Kapten Norrman upptäckte därvid, att alla bar en lång kniv under kläderna, och fyra av dem var beväpnade med skjutvapen. Tack vare att befälet i Wanja uppträtt så bestämt, och främlingarna dessutom bibringats uppfattningen att männen på däck endast utgjorde halva styrkan, fann de för gott att avlägsna sig.

Sedan skeppsbåten tagits ombord i skonaren, gick denna för om Wanja och satte samtidigt toppsegel. Nu manövrerade främlingarna med största lätthet sitt skepp. De hissade en ny okänd flagga och då den kom upp, hurrade och skrek alle man. Blott befälhavaren stod tyst och orörlig på halvdäck.

Genast efter sin ankomst till Delagoa Bay, skrev Norrman ett utförligt resebrev till Helsingborgs Dagblad. Rapport avgick också till Kungl. Kommerskollegium. Den avslutades med följande ord: *Att det emellertid varit dess avsikt att taga mitt fartyg med våld, om tillfälle givits, därom är jag övertygad.*

Lars Petter Norrman var i likhet med många andra sjöfarare från Kullabygden hemmastadd på jordens alla hav. Han gick till sjöss redan vid tio års ålder. Innan han blev befälhavare i Wanja, hade han fört skonerten Santos och briggen Vera.

(Publicerad i Longitude 34, 1998)

En förlisning uti Nordsjön 1895

Då jag en dag i somras letade efter eventuella tidningsartiklar om den stora branden i Nyhamn 1895, observerade jag av en händelse följande notis:

Landsatt besättning

I natt kl. 11.30 landsattes härstädes kaptenen jemte besättningen från förolyckade skeppet Ida, hemmahörande i Malmö, som sistlidne torsdag sjönk i Nordsjön på resa mellan Gefle till England med last af timmer och jern. Besättningen, bestående af 10 man jemte en 5-årig gosse, bergade sig uti skeppets storbåt, tills en tillstädeskommande dansk skonert upptog den. Stockholmsångaren Pan anträffades på resa till Östersjön och mottog manskapet jemte den båt, som tillhört skeppet Ida. Kaptenen å Ida är hemmahörande i Kullen.

Notisen var införd i Helsingsborgs Dagblad söndagen den 29 september 1895.

Här hade jag helt apropå läst en kortfattad redogörelse för en dramatisk händelse på Nordsjön, varom jag så många gånger hört berättas, när jag var barn. Den 5-årige gossen (som i själva verket fyllde 7 år ombord på Ida) var nämligen min far – Vitalis hette han – och vi låter honom berätta hela historien, som jag minns den:

– Morbror Nils hade lovat mig att få följa med en resa till England, och i augusti månad reste mor med mig till Helsingborg. Skutan, som morbror Nils var kapten på, låg då på redden. Hon hette Ida, minns jag. Vi skulle först upp till Norrland och lasta timmer. Jag tog farväl av mor, och nu efteråt förstår jag, att hon nog hade litet svårt att släppa iväg sin förstfödde. Men vädret var vackert, full sommar rådde, och vi hade god vind.

I slutet av augusti lämnade vi norrlandshamnen – jag tror, det var Gävle – och anträdde resan till Grimsby i England. Alla ombord skämde bort mig, och jag blev livligt uppvaktad på min födelsedag den 13 september. Av mina morbröder fick jag då en mössa med skärm, en riktig "hälsemössa", som jag var mycket stolt över. Men bara ett par dagar senare mitt ute på Nordsjön, råkade vi ut för ett fruktansvärt oväder, och vi måste pumpa dag och natt. Morbror Nils sa, att jag skulle hjälpa till att pumpa, och det var nog både psykologiskt och riktigt tänkt, för på så sätt glömde jag bort att vara rädd. Men ingenting hjälpte! Efter ett par dagar måste vi rädda oss i livbåten. Jag minns ännu de hemska vågorna och brottsjöarna, och plötsligt blåste min nya, fina mössa av mig och försvann i djupet. Jag ropade: *Morbror Nils, jag tappa' min nya mössa!* Men han svarade bara: *Bry dig inte om det min påg – du ska få en ny, när vi kommer till Helsingborg.*

Först blev vi räddade av en dansk skuta, vars styrman satte eld på återstoden av Ida, och det gjorde ett djupt och outplånligt intryck på mig. En ångbåt, som hette Pan, kom i sikte, och den skulle passera Helsingborg. Vi fick komma ombord, och med oss tog vi Idas livbåt. Några dagar senare sent på kvällen, firades denna båt ner på redden utanför Helsingborg, och ett par av Idas besättningsmän rodde oss alla mot inre hamnen. Där stod ett par tullare på kajen,

och en av dem ropade ut i mörkret: *Varifrån kommer ni?* Morbror Nils satte
händerna för munnen och ropade tillbaka: *Vi kommer från Nordsjön!* Du kan tro,
att de blev snopna.

Jag hade under hela denna tid inte visat mig rädd eller gråtit, och alla be-
römde mig och sa, att jag var en riktig karlakarl. Men när vi på söndagen kom
hem till Plantehagen, sa mor: *Har du varit i sjönöd din lille stackare?* Då kröp jag
upp i mors knä, och först då kom tårarna. Men det underliga var, att jag som
vuxen skulle bli befälhavare på just ångaren Pan!

Så långt enligt far. Jag beslöt, att forska vidare och utgick ifrån, att en sjöförkla-
ring måste ha avgivits till rådhusrätten i Helsingborg. Jag fann också en sådan
på Landsarkivet i Lund. Befälhavaren, kapten Nils Persson, anhåller hos Borg-
mästaren i Helsingborg, om att få avlägga sjöförklaring enligt sjölagens 40§.
Denna anhållan är daterad den 30 september 1895, och här följer sjöförklarin-
gen i sin helhet:

Utdrag af dagboken förd ombord å i Malmö hemmahörande skeppet Ida om
328,79 registertons, undertecknad N. Persson, befälhafware, på resa från
Gefle till Grimsby, med last af ca 153 standards plank, battens och bräder
samt 60 tons barlastjern.

Torsdagen den 22 sistl: augusti sedan sista delen af lasten blifwit inta-
gen, anträddes resan med fartyget tätt, starkt och i alla hänseenden i sjödug-
ligt skick, fulltalig besättning, bestående af 10 man, befälhafwaren inberäk-
nad. Resan fortsattes genom Östersjön, Öresund, Kattegatt och Skagerack
ut i Nordsjön under omvexlande delvis stormig väderlek, men utan att
något särskildt anmärkningswärdt inträffade till Onsdagen den 18 dennes,

då på eftermiddagen den hårda kulingen öfvergick till storm från W t S med hög brytande sjö, hvarunder fartyget, liggande för små segel under babords halsar, arbetade häftigt.

Klockan 12 midnatt halsade rundt, sedan vinden dragit sig till W.N.W och befanns fartyget då slingeräns. Hittills hade fartyget ej befunnits läcka nämnvärdt under resan, utan hållits omsorgsfullt läns medelst pumpning en gång hvarje vakt. Under påföljande vakt erhöll fartyget, liggande bi för styrbords halsar, en svår brottsjö förifrån, som bräckte ledstängerna om begge sidor förut och krossade brädgången å babords bog, samt befanns då tilltagande läcka så att vid vaktombytet kl. 4 på morgonen ej erhölls läns.

Pumparna höllos då oafbrutet gående till kl. 7 f.m. då vid företagen pejling vattnet i rummet befanns hafva stigit till 9 fot. Alla man kommo då på däck, pumparna höllos i gång oafbrutet. Kl. 1 pejlades 11 fot vatten i rummet. På eftermiddagen bedarrade stormen och på natten gick vinden N med jemn bris. Segel tillsattes, styrde kurs S.W. t W.

Fredagen den 20 vindstilla med klar luft. Oaktadt oafbruten pumpning minskades ej vattnet inombords. Fartyget befann sig då på 54°28' N.Br. och 2°0' OL.

På natten kl. 2 kom vinden vestlig. Kl. 4 hölls skeppsråd, hvarvid beslöts att hålla af för Norge, för att om möjligt uppnå nödhamn derstädes. Styrde N.O 1/2 O. Pumparna gå oafbrutet hela Lördagen och Söndagen. På Måndagsmorgonen d: 23 dns tilltog läckan. I hållet skeppsråd beslöts att kasta däckslasten, hvilket verkställdes, men vattnet steg fortfarande, så att fartyget liggande i marvatten och nästan utan styrmakt, lopp fara att kantra. Beslöt kapa riggen, för att göra de möjligt för besättningen att qvarblifva på vraket, tills bergning af förbipasserande fartyg blef möjlig, kapade fock och storriggen och satte upp nödflagg i mesanriggen samt höllo utkik.

Kl. 4 eftm. fingo en seglare i sigte som höll ned mot vraket. Denne befanns vara danska Skonerten Solon hemma i Thurö, kapten R Hansen, som erbjöd sig att taga ombord Idas besättning. Då ingen möjlighet var för handen att för räddning af fartyg eller last göra mera än nu redan gjorts, och besättningen efter 4 dygns ansträngningar under oafbruten tjänstgöring och pumpning var till ytterlighet utmattad, så beslöts, att för räddande af våra lif öfvergifva Ida som skedde å 25°26' N.Br.* 4°24' OL.

Efter att hafva gått ombord i Solon, stack dess styrman Idas vrak i brand, och från Solon, som var destinerad till Rotterdam, sattes vi den 26 dennes ombord i mötande till Stockholm destinerade svenska ångaren Pan, hvarifrån igår natt landsattes i Helsingborg. Såväl ombord i Solon som i Pan rönte vi skeppsbrutna ett ytterst vänligt mottagande, hvarför härmed aflägges vår erkänsla.

Då den timade olyckan icke af oss kunnat afvärjas eller förebyggas, så frikalla vi oss härjemte från allt ansvar.

Helsingborg d: 30 September 1895

N. Persson Befälhafvare	*C. Aug. Magnusson* Matros
C. A. Persson Styrman	*S. A. Karlsson* Matros
Alfred Ström Lättmatros	*Nils Christoffersson* Jungman
K. E. Augustsson Jungman	*John Danielsson* Jungman
S. Eskilsson Steward	*J. Persson* Konstapel

* En felskrivning av "Skrivaren". Bör vara 55°26' N. Br.

Kapten Nils Persson, styrman Carl August Persson och konstapel Janne Persson var bröder och liksom min far, födda på Plantehagen i Brunnby socken.

Det kan kanske vara av intresse, att nämna, att Ida var försäkrad i Sydsveriges Assuransförening för 8000 kr.

Var det nu verkligen så, att far som vuxen blev befälhavare på Pan? En blick i hans anteckningar visar, att han i maj 1916 gick ombord på ångaren Onsala som kapten och kvarstannade där till februari 1919. Efterforskningar ger vid handen, att Onsala var identisk med stockholmsångaren Pan, den båt, som förde den skeppsbrutna besättningen till Helsingborg 1895. Detta fartyg blev nämligen sålt och omdöpt ett flertal gånger under årens lopp. Sålunda köpte Frans Börjessons Rederi AB Activ henne i slutet av 1915 och gav henne namnet Onsala. F.d. Pan såldes slutligen till Miguel Mico i Valencia, och det nya och sista namnet blev Levante. Den höggs upp i Valencia 1934.

Efter 21 år trampade far alltså ånyo däcket på Pan, nu som befälhavare. Det kunde inte undvikas, att tankarna gled tillbaka till de ödesdigra händelserna på Nordsjön 1895. Men denna hans första förlisning skulle också bli hans sista. Med tanke på att han under två världskrig *färdades på det osäkra havet* – som det heter i den gamla kyrkobönen för sjöfarande – får man nog säga, att han hade en osedvanlig tur.

(Publicerad i Kullabygd, årgång LIII, Kullens Hembygdsförenings årskrift 1980, och i Nautisk Tidskrift nr 7, 1993)

Skonerten Trusts förlisning 1897

En dag när jag dammade av mina bokhyllor, föll en papperslapp ner på golvet. Jag tog upp den och läste: *Skulle tillträda befälhavarposten på den av Frans Pettersson i juli 1897 från Tyskland inköpta skonerten Trust. I denna skuta var Emil Jönsson delägare med 1/4, och då angavs hans hemort vara Stubbarp i Brunnby. Han omkom vid detta fartygs förlisning i december 1898. Men det kan kanske bli en annan historia…*

Nedtill hade jag vid något tillfälle anmärkt: *Fel! Emil med hustrun Nicolina omkom natten mellan 29-30 dec. 1897 och med dem hela den övriga besättningen.*

Den sista meningen, *Men det kan kanske bli en annan historia …,* kändes för mig som en direkt uppfordran. Dels var Emil morbror till min mor, dels hade jag som barn hört en hel del om denna förlisning.

Skonerten Trust var vid denna tid Skandinaviens största skonert och mätte ca 475 rt (registerton). Emil hade tidigare fört bland annat briggen Dalkarlså, men denna skuta blev vrak utanför Visby i februari månad 1891. Då Trust var hemmahörande i Ystad, beslöt man, Emil och Nicolina, att bryta upp från sin barndomsbygd, och i augusti månad 1897 tog de flyttningsbetyg till Ystad. Sonen Heiner var då 11 år.

Enligt sjömansrullan mönstrade Emil Jönsson och den övriga besättningen på i Antwerpen den 27 juli. Besättningen bestod endast till hälften av svenskar. Dessa var: styrman M. Svan, stuert Karl Johannesson, lättmatros Ludvig Rundström samt jungman Mickel Hansen. Från Tyskland kom matros C. Sperling, lättmatroserna C. Linke och E. Wargner samt slutligen matros E. Mexwell från USA. Emellertid rymde Mickel Hansen i Karlshamn, och där avmönstrade också stuerten och Rundström. I deras ställe kom stuert C.M. Birgersson och lättmatros C.E. Andersson. Det var alltså dessa män som så småningeom skulle följa Trust i djupet.

Från Karlshamn seglade Trust vidare till Uleåborg och intog där last av trä destinerad till Jersey. På redden utanför Ystad stannade man upp. Kaptenens hustru Nicolina skulle nämligen följa med som passagerare. Den 22 november avseglade man från Jersey till St. Ybes för att hämta salt hem till Sverige. Meningen var, att man skulle övervintra med saltlasten i Ystad för att frampå vårkanten fortsätta till Gävle, som var destinationsorten.

Trust lämnade St. Ybes den 18 december. Vädret var synnerligen gynnsamt, och fartyget gjorde en mycket snabb resa. Men vid Jyllands västkust, närmare bestämt vid Tornbybukten, råkade man ut för ett fruktansvärt oväder. Stormen var orkanlik. Det blåste från sydväst, och till råga på allt var det regntjocka. Sannolikt stötte skeppet på grund, och följderna blev fruktansvärda i det rådande ovädret och mörkret. Skeppet och livbåtarna slogs så småningom i spillror, och de danska tidningarna skrev …*at Baaderne er splintrede paa Mit, det tyder paa at Mandskapet ikke er i Livet.*

Den som först slog larm om olyckan var strandfogden i Kjærsgaard, och han bedömde, att en del av vraket befann sig ca 200 famnar från stranden. Det var bland annat akterskeppet. Även strandfogden vid Tornby strand hade observerat vrakrester. Ena sidan av skeppet och bottnen drev upp nordost om Hirtshals och fastnade slutligen bland stenarna på havsbottnen. Ja, hela kusten upp mot Hirtshals var översållad med vrakgods.

En insändare i Politiken ifrågasatte till och med, om det inte rentav var två skepp som förlist, men enligt ortsbefolkningen skulle det "blott" röra sig om ett fartyg. Vendsyssels Tidende hade annons inne om vrakauktionen den 15 januari. Denna pågick i två dagar på tre olika platser.

Redan morgonen den 30 december drev den förste av de omkomna i land. Det var en man i 30-årsåldern. Han var iklädd ny oljetröja, ena byxbenet var avrivet och ansiktet var fullt av sår. Några papper, som kunnat utvisa den omkomnes identitet, fanns ej. Han blev fortast möjligt begraven på Tornby kyrkogård.

Enligt f.d. Skippern och strandfogden i Tornby, Niels Svendsen Nielsen, skulle emellertid den först ilandflutne ha varit i livet. Jag hade i somras tillfälle att intervjua denna gamla gentleman (99 år), som nu vistas på De Gamles Hjem i Hirtshals. Han hade som ung pojke sett vraket och till och med varit den som larmat räddningsbåten, då han tyckte sig se någon levande ombord.

Räddningsbåten for ut vid tiotiden på förmiddagen den 30 december. Men där fanns ingen ombord. Niels upprepade, att den först ilandflutne levde. Han var fastsurrad vid en bjälke, hela ansiktet blödde ymnigt och sanden där han låg var alldeles nedblodad. Först mot kvällningen dog han, enligt Niels. Ett par dagar efteråt drev ytterligare tre lik i land, och några danska *aviser* meddelade att ett av dessa var kaptenens hustru. Men Nicolina fann man aldrig. Hon jämte de övriga (tre st.) som aldrig återfanns har troligen förts bort av den starka strömmen.

Inte förrän den 20 januari drev Emil och en av de äldre besättningsmännen i land öster om Hirtshals. Emil var iförd tre par byxor och en varm, stickad tröja. Han liksom den andre sjömannen var barfota. Vendsyssels Tidende konstaterade lakoniskt, att katastrofen tydligen hade varit väntad. Allt som allt drev sex i land, och de fem blev jordfästa på Horne kyrkogård. Hirtshals kyrka var då ännu inte byggd.

Som jag förut nämnt, pågick auktionen i två dagar. Hela kusten var ju översållad med vrakgods: vrakstycken, däcksbjälkar, plankor, kajutdörrar, skeppskistor, en säck med namnet I. Gust. Petersson, Wexiö, diverse skåp, kajutinventarier och kojkläder, allt huller om buller. Enligt tidningarna hade Trust haft en mycket elegant kajuta.

Delar av skeppsjournalen flöt också i land och diverse andra papper. Dessutom en låda apelsiner, säkerligen avsedd för sonen Heiner vid hemkomsten. Enligt annonsen fanns också brutna master, riggning, bogspröt, ett halvt ankar rödvin, en spis m.m. Enligt auktionsprotokollet inbringade försäljningen 1.824 kr och 31 öre.

De kläder, såväl mans- som kvinnokläder, som drev i land föranledde en hel del spekulationer. Bland annat drev ett barnlinne i land, märkt med namnet Elise. På grund av detta trodde man, att Emil och Nicolina hade en liten dotter med ombord. En kapten Möller från Svendborg hade för sin del meddelat tidningen Nordjylland, att han varit mycket tillsammans med kapten Jönsson och dennes 32-åriga hustru. Hon var, enligt sagesmannen, allmänt avhållen, alltid mild och glad. Men hon längtade så mycket efter sin dotter Elisa i Ystad! Sanningen var den, att i familjen fanns bara sonen Heiner.

En sak, som flöt i land och som visar att man försökt påkalla uppmärksamhet, var ...*et Svensk Flag, knyttet i Knude, altsaa et Nødflag.*

Man kan utan överdrift påstå, att det blev en folkstorm i hela Danmark efter denna svåra olycka, där ingen av de ombordvarande blev räddad till livet. Tidningarna, framförallt köpenhamnstidningarna, hade både artiklar och arga insändare inne en lång tid framöver. I synnerhet kritiserade man ledningen för räddningsväsendet på Nordjylland. Huvudparten av skulden lades således ej på strandfogdarna utan på den dåliga administrationen.

Speciellt ordföranden, en konsul Andersen i Lemvig, öste man galla över. Han skulle tidigare ha gett folk på gräsrotsnivå ...*en Snyder, fordi der var vagtet for meget.*

Politiken skrev, att detta var varken mer eller mindre än en skandal. Riksdagen hade anslagit pengar för att det skulle hållas vakt längs denna kuststräcka. Man ansåg, att det inte var meningen, att strandvakt skulle hållas ...*for at spadsere paa Stranden i Magsvejr, medens de undlader ad udkommenderer Mandskabet, naar Strandingstilfælde kan befrygtes – da staar det jo i Konsulens Magt at lade dem afløse af andre, der bedre forstaar Forholdene. Der er Folk nok langs Kysten, der hellere end gærne ønsker disse Pladser og er godt egnede dertil.*

Vendsyssels Tidende ansåg, att vakt borde hållas, även om det kostade, längs hela Jyllands väst- och nordkust. Dessutom meddelade tidningen, att en offentlig undersökning var under uppsegling med anledning av Trusts förlisning vid Tornby.

En annan tidning menade, att om man inte skulle hålla strandvakt under mörka nätter med sydvästlig storm och regntjocka, varför skulle då konsul Andersen ha pengar till strandvakt. En sådan hade, enligt tidningen, 2Rd för 6 timmar, samt foder till hästen. Man föreslog i stället två man med nedsatt betalning. I alla händelser borde strandfogdarna ha hand om uppsynen.

Ja, det skrevs faktiskt mer om detta än om själva förlisningen, men man försökte också bemöta kritiken. Skeppen borde förses med tydliga nödsignaler. En tidning kallade Trust för en Plimsolle och menade, att skeppet måste ha varit gammalt och dåligt, då det slogs sönder ganska snart efter strandningen. Men Trust hade faktiskt precis blivit reparerad och koppard. Från Tornby meddelades, att räddningsbåten var vid stranden men kunde inte komma ut med anledning av ...*den strandede Dampfer vid Tornby forleden.* Men faktum är, att olyckan inte observerades förrän på morgonen den 30 december, då vrakdelar började flyta i land.

Någon offentlig undersökning hölls trots allt inte. Konsuln hade troligen så pass goda kontakter, att en sådan kunde undvikas. Det är ganska intressant men också förståeligt, att man helst ville glömma hela historien. Då jag en eftermiddag i somras stannade till vid en Shellstation utanför Hirtshals för att tanka, observerade jag en tavla på väggen. Det visade sig vara en minnestavla. Här var antecknat fartyg, som under 1800-talet förlist i Tornbybukten. I detta hus hade nämligen räddningsstationen varit inrymd, och här förvarades också räddningsbåten. Men Trust var ej nämnd.

En annan dag var jag i Hjörring och besökte stans lokala personarkiv. Jag fick då i min hand en bok, som innehåll uppgifter om strandningar vid Tornby samt protokoll om räddningsförsök. Inte heller här nämndes Trust, vilket jag fann vara anmärkningsvärt. Det rörde sig dock om en olycka, som blev känd över hela Danmark.

På Landarkivet i Viborg finns dock alla papper i ärendet bevarade. De bekräftar Niels Nielsens uppgifter. Enligt honom for ju räddningsbåten från Tornby (Hirtshals hade denna tid ej någon egen räddningsstation) ut till vraket på förmiddagen den 30 december. Från Viborg har jag erhållit avskrift av protokollet, som beskriver denna utryckning. Man får bland annat veta, att någon meddelat opsynsmanden ...*at det saa ut til som om der saas Mennesker paa Vraget*. Manskap och ägarna till 5 par hästar larmades. Det blåste fortfarande hårt från sydväst, strömmen var stark och ostgående, och det var ...*höj Sö paa Revlerne*. Då man rott ut till vraket och förvissat sig om ...*at der ikke fantes levende Vaesener Ombord*, lämnade man detta. För att underlätta hemfärden begöts revlarna med 11 *Pottor Olie da Brændingerne var store*. Det påpekades, att på stranden fanns ett halvt namnbräde med bokstäverna A och D.

Protokollet avslutas med följande räkning:

12 Mand à 15 kr	180.00 kr
Opsyndsmanden	15.00 kr
For Transport 5 par Heste	60.00 kr
For Tilsigelse	1.00 kr
1 Tillegram til Betjaenten	0.99 kr
	256.99 kr

Alla var eniga om att olyckan ej behövt få så svåra följder, om man gjort sin plikt och hållit uppsikt längs kusten. Kanske att någon eller till och med alla då hade kunnat räddas.

Man kan dock inte undgå att tycka, att också befälhavaren i sitt privatliv uppträtt oansvarigt. Under segelfartygens tid var höst- och vinterstormarna med rätta fruktade. Otaliga var de fartygsolyckor som under 1800-talet inträffade längs Jyllands västkust. Allt detta måste Emil ha vetat. Trots detta tog han sin hustru med sig och lämnade en minderårig son ensam hemma.

(Publicerad i Longitude 17, 1981)

Med Krona på sommarnöje

Barkskeppet Krona var det första fartyg som byggdes och sjösattes i Landskrona av Nya Varfsaktiebolaget. Detta skedde år 1873, och konstruktören av skeppet hette J.P. Avenstrup. Skutan var byggd av ek och furu på kravell, akterskeppet hade flat spegel och förskeppet fallande stäv med galjon. Krona var försedd med både huvuddäck och halvdäck. Den totala dräktigheten uppgick till 276,75 rt, och HKST var skeppets signalbokstäver.

Krona beställdes av ett konsortium bestående av ett antal sjökaptener från Kullabygden, några lantbrukare, lotsar, läkare och hantverkare. Allt som allt var 27 personer delägare, och landbrukare Nils Olsson i Tjörröd var huvudredare. Fartyget var hemmahörande i Höganäs, och hennes första befälhavare var sjökaptenen Olof Svensson.

År 1889 omriggades Krona på varvet i Landskrona till skonertskepp. Olika befälhavare avlöste varandra under årens lopp. År 1896 inköptes Krona av Christian Larsson jämte intressenter för 24.200 kronor. Christian Larsson blev huvudredare och min morfar, Johannes Jönsson, befälhavare. Han måste därvid själv bli delägare med 27/100, som år 1900 utökades till 30/100. Ny huvudredare blev svågern, sjökapten C.H. Malmberg i Brunnby. Bland övriga delägare märktes min mormors farbror, skeppsredare Johannes Jönsson i Helsing-

borg, och konsul E.T. Killman i Höganäs. Hemorten för skeppet blev
Arildsläge.

Min mor föddes samma år min morfar blev befälhavare i Krona, det vill
säga 1896. Varje år, när skolorna haft sin avslutning, fick familjen – hustru och
sju barn – tillbringa somrarna ombord. Ljusa och glada barndomsminnen från
dessa seglatser levde kvar hos min mor och mina mostrar till långt in på ålderns
höst.

Besättningen bestod i allmänhet av nio man. Enligt min mor brukade stämningen ombord vara familjär, och bröderna brukade bo i skansen hos "pojkarna". Flickorna fick kinesa i salongen akter ut. Vanligt var att man seglade upp till någon norrlandshamn och hämtade trä, mestadels pitprops för England eller Holland, och lasten hem till Sverige bestod för det mesta av kol eller koks.

Så här minns jag att min mor berättade:

– Mina två äldre bröder arbetade ombord, och Tage seglade som konstapel och hade egen hytt. Runt stormasten ordnade far med en lekplats till oss, vi byggde stugor av små fyrkantiga träklossar. När vi kom till Sverige var vi glada, då hände det, att vi, när det var stiltje, roddes i land så vi kunde köpa mjölk. Annars fick vi dricka av den engelska kondenserade mjölken – den var tjock och söt. Ibland plockade vi bär, och när vi var färdiga ropade vi *Krona, ohoj! Krona, ohoj!* Då kom en av jungmännen roende med skeppets båt och hämtade oss.

Färskvatten fanns i en plåttank, och den fylldes när vi var i hamn. Vi åt mycket salt mat, men när det var vindstilla, fiskade besättningen. Även vi barn låg vid relingen och metade. Om vi hade god fiskelycka, brukade min mor koka sillasoppa eller fisksoppa, men annars sysslade hon inte med matlagning ombord.

Kosten var för övrigt enformig, ärter, böner, kabeljo och salt fläsk serverades ofta. Till efterrätt var fruktsoppa vanligt. Var och en skulle ha åtta russin och tre sviskon. Margarin och socker fick besättningen hämta hos far varje lördag, och ransonen skulle räcka en vecka. Lördagar stod risgrynsvälling på menyn, och till söndagsfrukost serverades tre tunna pannkakor per man.

När vi seglade genom Öresund, kunde vi ibland räkna ända till 300 segelfartyg, som låg till ankars mellan Helsingör och Dragör. Här fanns en hel provkarta på alla slags segelfartyg, ståtliga fullriggare låg sida vid sida med små galeaser, och de flesta sjönationer var representerade. Då brukade så kallade kadrejare komma från Helsingör. De seglade från fartyg till fartyg, sålde ankarstockar (stort avlångt rågbröd), tobak och brännvin och tog med sig brev att posta. Om någon saknade kontanter, tog de emot gammalt tågvirke och segelduk i utbyte för sina varor. När vinden friskade i, och skeppen lättade ankar, kunde man knappt se den svenska kusten för bara segel. Det hände, att vi stannade upp på redden utanför Höganäs, där vi hade släkt, som kom ombord för ett par timmar. Då fick vi torkade skrubbor, som hängdes upp i riggen, och även frukt, bär och grönsaker, något som vi tog emot med förtjusning.

Då det var stiltje satt pojkarna på däck och spelade dragspel. De brukade då också ta ut sina sjömanskistor och ha vad de kallade kisteförnöjelse. Kläder breddes ut för vädring, gamla brev lästes om igen, och presenter och souvenirer inköpta i främmande land förevisades.

Guld och penningar
Schalar och klänningar
Fikon och apelsiner
Floridavatten och mandariner
Finaste tobakspipa
Av renaste sjöskum
Och vitaste krita

MED KRONA PÅ SOMMARNÖJE

Ibland måste seglen lagas och repareras. Då användes en segelsömmarhandske och ett horn med fett i, där synålarna satt, så att de inte rostade. En segelmakare gjorde en liten handske och ett litet horn till mig, det minns jag så väl. Ja, vi var som en enda familj, alla ombord.

När vi sen kom hem till hösten, hade vi mycket att berätta om i skolan, och då fick vi alltid skriva uppsats om våra upplevelser.

En av mina mostrar, Thérèse – ett par år äldre än min mor, skrev ner sina barndomsminnen vid nära 75 års ålder. Här följer ett litet utdrag:

Min första sjöresa var sommaren 1900. Vi hade hösten 1899 flyttat till Halmstad, och jag hade börjat i skolans första klass. Det blev bestämt, att bror Hugo (12 år) och jag skulle följa med Far till England, Mor och de andra senare. Och så var det en väntan, vilken dag Far skulle komma till Helsingborgs redd. Mor fick vara beredd för resa den dag telegrammet kom.

Det var en stor dag, vi fingo åka droska till stationen. I Helsingborg blev det att stiga i lotsbåten, som seglade ut till Fars skonertskepp Krona. Vår resa blev till West Hartlepool. Nära oss låg två svenska fartyg, och båda kaptenerna hade var sin flicka med. Den ena vid min ålder från Halmstad, den andra något äldre från Kalmar. Vi blev snart goda vänner och gingo tillsamman upp i staden. Engelska kunde vi inte, men det gick bra med pekfingret, och pengarna förstod vi oss på. Min äldste bror Tage, som var mönstrad ombord, hade lärt mig "ay dont no". En dag fick jag följa med Far och i en affär välja ut fyra dockor, en till var och en av mina tre systrar och en till mig. Vi lämnade i Trelleborg, där Far följde oss till tåget. Det var en lång resa till Halmstad.

Nästa sommar blev det en resa till Gävle. Där var utställning och minnet därifrån är att vi fick höra musik från en apparat genom att sätta proppar i öronen. En stor nyhet! På nerresan anlöpte vi Ronneby, förankrade vid Karön. Vi barn rodde uppför ån till staden, en härlig tur längs grönskande stränder. Så lämnade vi som vanligt i Helsingborg.

Nästa år blev det en resa över Nordsjön till Delfzijl vid Groningen i Holland. Innan vi reste blev bror Hugo konfirmerad i Halmstad kyrka före sina läskamrater. Nattsvards-gången fick vänta tills vi kom tillbaka, då han tillsammans med Mor deltog i församlin-gens nattvard.

Under resan blev Mor sjuk och det blev operation och sjukhusvistelse i första hamn. Vi blev delade i två grupper, som fick följa med Far till sjukhuset. En dag fick Far bråttom på vägen från sjukhuset, då han fick se folksamling på kajen. När han kom fram fick han se mig uppkliven i en masttopp. Det blev bråtт ner och en ordentlig risbastu, den enda jag minns mig fått av Far.

Där var lastskutor som låg nära oss, de skulle vidarebefordra lasten inåt landet. Familjerna bodde ombord, det såg så prydligt ut, gardiner för fönstren och blomkrukor i karmen. Barnen lekte på däck, en liten, som nyss lärt sig gå var bunden med ett rep om ena benet och repet var fastsatt i en järnring i däck. Säkert praktiskt men vi tyckte synd om den lille.

En dag kom en man ombord och ville visa en uppfinning, en fonograf med rullar. Tänk att människoröster kunde fastna i en rulle och återupprepas när den sattes i gång.

Sommaren 1902 var den sista sommar familjen tillbringade ombord i Krona. På resa mellan Newcastle och Göteborg med last av 100 ton svavel och 255 soda sprang fartyget läck ute på Nordsjön. Besättningen arbetade natt och dag vid pumparna, men min morfar måste till slut – natten till den 17 september – sätta skutan på land för att hon ej skulle sjunka. Detta hände enligt strandnings-protokollet ...*1/4 mil nord fra Tranumsstrandgaard* vid Jyllands västkust. Vidare står antecknat: *Skibet staar paa 2de Revle og er fuldt af Vand, sansynligt Vrag, da Straakjølen er kommen i land.*

Besättningen bärgades av räddningsbåten från Slettestrand. Någon lots fanns ej ombord, och ej heller någon passagerare. Den 20 september avmönstrade manskapet och en vecka senare, då min morfar klarat av alla formaliteter, reste han hem till Sverige. Den 2 december 1902 ströks Krona ur fartygsregistret "såsom förolyckat".

Efter förlusten av Krona inköptes barkskeppet Betzy år 1903. Ett ödesdigert misstag i slutet av året (min morfar råkade av misstag dricka karbolsyra i stället för sömnmedel) ändade ett händelserikt sjömansliv. Två år senare dog även min mormor. Hemmet måste upplösas och syskonskaran skingras. De minsta barnen togs om hand av släktingar. Min mor fick ett gott hem hos sin moster och morbror i Brunnby, Johanna och C.H. Malmberg. Men saknaden efter föräldrar, syskon och det gamla hemmet kändes länge tungt att bära för en liten nioårig flicka.

Min moster fyllde tio år den 29 oktober 1902. I födelsedagspresent fick hon en poesibok, där min mormor skrivit följande rader:

Hur än sig dana jordelivets skiften
Hur mången smärta genom själen går
Dock följer troget menniskan intill griften
Det glada barndomsminnets ljusa vår

(Publicerad i Longitude 23, 1987)

Om havsfruar och skeppsrån
från Kullabygden

Långt ute i havet är vattnet så blått som blomman på den vackraste blåklint och så klart som det renaste glas, men det är mycket djupt, djupare än något ankartåg kan nå, många kyrktorn behövde ställas ovanpå varandra för att räcka från bottnen upp över vattenytan. Där nere bor havsfolket.

Ja, så inleder H.C. Andersen sin kända berättelse *Den lille Havfrue*, som inspirerat bildhuggaren Edvard Eriksen till statyn med samma namn, som bekant belägen på Langelinie i Köpenhamn. I svensk tappning har berättelsen blivit kallad *Den lilla sjöjungfrun*.

Emellertid har man i Kullabygden alltid kallat nämnda varelse havsfrun, *havfrua*. En förklaring kan vara närheten till Danmark, men det fanns vissa skillnader mellan havsfrun och sjöjungfrun.

Havsfrun var, enligt traditionen, ett övernaturligt väsen, som brukade uppehålla sig i havet. Hon var en varelse på gott och ont. I likhet med skogsrået var hon en förförisk kvinna, som försökte locka män i fördärvet – i sjömännens fall i djupet. Men hon kunde också hjälpa till vid fiske och varna för storm.

Hennes utseende växlade från en vardaglig kvinna, klädd som en enkel fiskarhustru, till en vacker, överjordisk skön varelse med fiskstjärt. Jag vill här

framhålla, att i äldre tid saknade havsfrun sistnämnda attribut. Det var förbe-
hållet sjöjungfrun. Denna brukade också vara ihålig baktill och försedd med
fjäll och fenor. Under senare delen av 1800-talet blev havsfrun och sjöjungfrun
nära nog identiska, troligen genom påverkan av H.C. Andersens saga.

Här några utsagor om havsfruns utseende. N.P. Andersson, en fiskare från
Lerberget, såg havsfrun utanför sitt hem:

*Havsfruen var ett fruntimmer, som satt pau vanned med svart hår och stora bröst. När
nån kom när, dock hon ner och slog ännen i väret. Då såg man att hon hade fiskastjärt.*

I Arildsläge var man inte sämre:

När några fiskare en gång seglat *ner till lauerna*, under bergets branta delar
väster om Arild, uppstod en storm, som hotade att vräka båten omkull. Han
som satt vid rodret märkte då, att havfrua hängde vid aktern och skrattade åt
de livrädda männen. Hon hade rött hår och glänsande vit hud, en yppig kvinna,
grann men grym.

Detta berättades så sent som 1951 av fiskare, som hört dessa historier i sin
barndom.

Det är att märka, att de berättelser om havsfrun jag i fortsättningen tänker
relatera oftast tilldrar sig i åhörarens egen värld och mestadels med ortsanknyt-
ning. På så sätt gjorde de ett trovärdigt intryck. Här är ett exempel på när havs-
frun visar hjälpsamhet:

*En skeppare från Arildsläge skulle en dag segla ut på öppna havet. Han fick då se havs-
frun sitta på vattnet. Hon ropade till honom:*

"Vänd, vänd mot Hallands Väderö, eljes får ni vann och inte lann."

Skepparen lydde samt offrade åt henne som tack för rådet sin ena vante, något annat hade han ej till hands i rappet. Då han väl lagt till vid ön, brast en hiskelig storm lös.

Men havsfrun kunde också ställa till förtret:

Några fiskare, som rodde ut i Skälderviken, fick en gång havsfrun i båten, och då gjorde hon sig så tung, att de höll på att sjunka. Till alla lycka hade en av dem en bössa, och när han då sköt över båten, måste hon ur den. Därpå avsköt han nu och då ett skott från båten för att hålla henne från livet, ty närmare än på ett bösskotts avstånd hade hon ej makt att komma.

En annan mindre trevlig egenskap hos havsfrun var att hon var mottaglig för bestickning och mutor. Som vi nyss sett offrade fiskaren en vante, *då han ej hade annat till hands i rappet.* Det var visserligen som tack för rådet, men annars var det vanligt, att man offrade silverslantar, innan man gav sig ut på en längre tur, *för att köpa god vind av havsfrun.*

Att havsfrun verkligen var en levande realitet för sjömän och fiskare i gången tid belyses därav, att till och med barnen offrade åt henne. Min farmor (f. 1866) hade hört sin mor berätta, att badsäsongen alltid inleddes med att barnen kastade bröd i vattnet och ropade: *Havfrua, havfrua, här har du litta te dina ungar, här har du litta te dej säl.* Havsfrun kunde kanske annars skada de badande barnen, och man försökte på detta sätt göra henne välvilligt stämd.

Detta var tradition i Arild, och på liknande sätt agerade man i de andra fiskelägena. I Lerhamn lade man alltid brödet på en bestämd sten.

Att havsfrun i äldre tid saknade fiskstjärt belyses av ett par berättelser från tidigt 1800-tal:

I Arildsläge hände sig en vinternatt, att viken (=Skälderviken) frös till, så att havsfrun, som gått i land, ej kunde dyka ner igen. Under ett par dagars tid såg folket henne sitta och spinna vid stranden. Det var en ömklig syn, ty hon var alldeles naken, och flera kvinnor förbarmade sig över henne och ville ge henne kläder, men hon varken bjäbbade eller talade utan bara spann och spann. Dock lade man märke till att hennes rulle ej blev fullare än den var.

Skälderviken bröt då lika hastigt upp som den lagt sig, och då blev havsfrun ej sen att ta sin rock och dyka ner till sitt hem. Hon har nog sitt att sköta, ty man vet, att i havet finns många varelser, som lyda henne. Dessutom har hon mycken boskap.

Även i Mölle dök det då och då upp havsfruar:

Vid Ransvik i Mölle fiskeläge gick havsfrun och bredde ut sin tvätt, men själv hade hon inte en tråd på kroppen utan såg ut på ryggen och hela baksidan som hon hade varit överdragen med klart, skinande guld.

Samtidigt som havsfrun var en mytisk gestalt, hade hon drag av *vanligt folk.* Hon hade spinnrock, låt vara att någon ny tråd inte kom på rullen, hon tvättade och torkade sin tvätt och hon höll boskap. Här är en berättelse, som anspelar på det sistnämnda:

För många år sedan blev en skonare från Kullabygden beordrad till Karlshamn. På höjden av Bornholm syntes på långt håll något besynnerligt röra sig på havet, varför skonarens kapten satte kurs på föremålet, som befanns vara ett ovanligt stort huvud med höga spetsiga horn, vilka stucko upp ur vattnet, som gick starkt i vågor, fast havet var lugnt. Att det var en havstjur antogs allmänt ombord på skonaren.

Som vi av det föregående märkt, var havsfrun synnerligen rörlig. Än befann hon sig i havsdjupet, än dök hon upp och satt på vattnet, än befann hon sig på klippor och skär. Mera sällan visade hon sig ombord.

En som emellertid var mera stationär och alltid bodde ombord i fartyg var skeppsrået. Det var, i motsats till skogsrået, av manligt kön. Till utseendet en liten gubbe med eldrött ansikte och vitt skägg. Han var i verklig mening fartygets skyddsande. Sålunda brukade han varsla om storm och bestraffa försumliga matroser. Endast vid förlisningar lämnade han sitt skepp. På grund av sitt utseende kallades han också skeppstomten eller rätt och slätt tomten.

Så här berättade en fiskare från Arildsläge, född i början av 1800-talet:

– Redan då jag som skeppsgosse tjente ombord på en skuta, fick jag lära mig förstå, att det på fartyg fanns fler varelser än menniskor och skeppsråttor. Det var en morgon vid 3-tiden, jag låg och sof i min koj, då jag kände någon, som qnep mig i skuldran och en röst ropade: *Upp och skaffa*. Jag satte mig upp – det fanns ingen menniska, det var rent för tidigt att göra upp eld, jag lade mig åter och somnade.

Då sker mig ännu en gång detsamma, men nu blef jag arg och mumlade något, men det var min lycka, att kaptenen ej hörde, ty fastän han sjelf nog i en snäf vändning kunde lägga till knaggarna och låta några svordomar gå af stapeln, så tålte han ej, att hans folk svor. Han var bördig från en känd skepparfamilj i trakten af Kullaberg, så vi voro sockenbarn.

Men som sagt, jag blef väckt för andra gången och äfven nu lade jag mig igen, då tog rået mig – ty ett sådant var det – och slängde mig ur kojen ned i backen, så jag såg sju solar för ögonen.

Nu föll det mig ej in att vara ohörsam, utan jag gick genast in i ruffen för att göra upp eld och värma ärterna, fast klockan ej var mer än fem. Styrmannen kom upp, men sade ingenting, så jag kunde förstå, att han äfven blifvit väckt och varnad. Men om en stund kom kaptenen, och då han såg eld i ruffen, började han läsa små nordbaggaböner, men svordomarna hörde upp, då jag sade honom, hvem som befallt mig att skaffa.

Styrmannen sade honom äfven, att det visst var bäst att ge folket mat, medan vi ännu hade tid, ty det torde nog hända, att vi snart finge annat att tänka på. Kort sagt: förrän en rasande storm utbröt, och den varade i tre hela dagar, under hvilken tid vi ej hade eller kunde ha eld uppgjord.

Det hände, att skeppsrået kunde samarbeta med havsfrun, men det var mera ovanligt. Här är ett exempel berättat av samma fiskare:

– 1858 förde jag min egen skuta. Jag kom från Bremen med tobakslast, jag hade godt väder och höll kurs på Öland, ej anande någon olycka, då jag, just som jag sitter vid rodret, får se något som jagade mig en kall kåre nedåt ryggen: Ett par steg ifrån mig, stödd mot relingen, stod en liten pojke. Hufvudet, på hvilket han hade en röd mössa, lutade han mot ena handen och med den andre torkade han sig ideligen i ögonen, det syntes tydeligen, att han rigtigt gret. Drucken visste jag att jag ej var, ty genom en förseelse hade sprungit blifvit slaget ur vårt sista romankare, och all rommen hade runnit ut.

Jag visste ej, om jag skulle tro mina ögon och ville se, om flera än jag kunde varsna rået eller tomten. Jag lemnade rodret åt styrmannen och gick ned i kajutan, tog bibeln och började läsa, men stod han icke nu åter hos mig, helt röd i ögonen af gråt. Då blev jag illa till mods och gick åter upp på däck. Ingenting märktes som kunde tyda på storm. Det var nu qväll, och jag gaf dem af manskapet som skulle gå till kojs befallning att lägga sig med kläderna på, sjelf tog jag tillika med styrmannen vakten, och alltjemt stod tomten hos mig.

Då det led utåt natten ropade han: *Berga segel!* Jag fick purrat upp folket i hast, och knappt hade vi fått seglen in, förrän en väldig orkan bröt lös, och jag trodde vi skulle få vår graf i vågorna den gången. Tobaksfaten kommo lösa och började rulla nere i last-rummet; jag försökte först en gång att stufva om lasten men kunde ej. Tomten hade följt med mig dit ned och såg ännu mycket bedröfvad ut. Då hörde jag en röst säga: *Stufva lasten först innan annat göres!*

Jag vände mig om, och då stod bredvid tomten en ung, vacker qvinna, klädd som våra flickor här på fiskeläget då brukade om sommartiden vara: i mörk kjol, hvita, fina lintygsärmar och svart lifstycke. Faran var stor, och jag förstod nog, att hennes råd var godt, hvarför jag tog manskapet till hjelp och började langa ved från fören ned i lastrummet för att med tillhjelp deraf fästa tobaks-faten; härvid stod tomten mellan mig och kocken, tog hvarje vedträ från denne och lemnade mig, med det såg ingen utom jag sjelf.

När så detta arbete var väl undanstökadt, och jag kom ned i min kajuta, sutto både hafsfrun och tomten dernere. Då blef jag så underlig till mods, att jag högt sporde henne, om hon var af Gud eller den onde och bad henne i Herrans namn gå dithän hon hörde. Men hon bara småskrattade och sade, att hon och hennes följeslagare gingo och kommo, när de sjelfva ville. Derpå förutsade hon mig hela min lefnad, i hvad som rörde mitt yrke som skeppare, det var ej roligt att höra. Min rädsla för henne och tomten försvann, ty de voro hos mig hela natten och halfva påföljande dagen, derefter försvunno de båda och läto aldrig mera se sig.

Två år derefter sjönk mitt fartyg, då fick jag hennes första spådom besannad. Jag ville då dragit mig från mitt yrke och satt mina penningar i säkerhet, men som sagdt, ingen trodde på min syn, icke ens min egen hustru, derför har vi det nu, som vi har det.

Vill man göra en moralisk jämförelse mellan havsfrun och skeppsrået, får man nog säga, att det utfaller till det senares fördel. Inte någon gång tycks skeppstomten till exempel vara mottaglig för mutor eller vilja sjömännens fördärv – snarare tvärtom. En typisk manlig egenskap, en viss benägenhet för konkurrens eller vilja att härska, kan man dock enligt min mening utläsa ur följande:

Ett nytt fartyg skulle sjösättas, men det var helt omöjligt att få det av stapeln. Då gick kaptenen, som skulle föra skutan, ombord och fick då se två skeppsrån, det ena stod i fören och sköt på fartyget, medan det andra stod akter ut och höll igen, därför kom det ej ur fläcken. Kaptenen frågade då, vad det skulle betyda, och fick till svar, att båda ville ha fartyget. Då kaptenen undrade, vem som kom först, svarade det ena rået, att han kom med kölen, och det andra rået, att han kom med masten. Den som kom först, dvs med kölen, hade den största rätten, menade kaptenen, och hänvisade det andra rået till ett nybygge vid sidan om. Sedan sålunda rättvisa skipats, gled fartyget obehindrat ut i havet.

När segelfartygen upphörde att trafikera våra hav och sjöar, försvann också alla havsfruar och skeppsrån. De kunde ej finna sig till rätta eller trivas med dunkande ångmaskiner och bullriga motorer. De har min, och som jag förmodar, även mina läsares fulla förståelse.

(Publicerad i Longitude 19, 1983)

Barkskeppet Arabella.

Med Arabella på långfart 1903-1906

För de flesta kullabor var som nämnts Halmstad under segelfartygens tid en självklar centralpunkt. En av halmstadsskutorna var barkskeppet Arabella, som fördes av nyhamnsskepparen Nils Petter Lundh. Denne var befälhavare på Arabella mellan åren 1901 och 1907. Samtidigt bedrev han undervisning för dem som ämnade bli sjöbefäl.

Den längsta resan företogs åren 1903–1906, då de flesta världsdelar besöktes. Stämplarna i sjömansrullan skvallrar om besök i bland annat Port Elizabeth, Adelaide, Mauritius och Genua. Bland annat fraktades hästar till Australien och man hade därför byggt spiltor på däck. Under storm och oväder kunde det hända att en del hästar fick slaktas.

Hälften av besättningen kom från Nyhamn och resten från olika delar av landet. Endast en – Axel Bengtsson – kom från Halmstad. Han rymde för övrigt i slutet av maj månad 1904!

För att få omväxling i den enformiga kosten hade man med sig husdjur ombord: grisar, höns och pärlhöns. Dessa blev så tama att de ofta besökte skepparen i hans kajuta. Givetvis höll man sig också med såväl skeppshund som skeppskatt.

Besättningen på barkskeppet Arabella.

Stämningen ombord var familjär, även om disciplinen noga iakttogs. Kapten Lundh var som en far för sina "pågar" och gick själv ibland i kabyssen där han egenhändigt bakade "äggakaka" och pannkakor till sina besättningsmän.

Min morbror, som var med på rundresan 1903-1906, berättade vid något tillfälle, att ett omtyckt nöje på kvällarna var att smyga sig förbi kaptenens kajuta och knycka ägg till kvällstoddyn.

Men det var självfallet inte bara solskensdagar ombord. En sorgens dag var när en av pojkarna – N.P. Nilsson från Brunnby socken – begrovs ute till havs. Nils Petter hade drabbats av gula febern och fick nu sitt sista vilorum i den stora sjömansgraven ute på Sydatlanten. Flaggan ombord vajade på halv stång, kapten Lundh läste de välbekanta orden i begravningsritualen och kroppen, insvept i en segelduk, gled överbord och till sist sjöngs en psalm. Rårna på fartyget brassades sakta fullt, skeppet återtog sin kurs och livet ombord gick vidare.

Arabella såldes till Norge 1908 och blev omdöpt till Hamingja. Hon förliste den 4 november 1912 på Cosmolado Island i Indiska Oceanen.

(Publicerad i Svensk Sjöfarts Tidning nr 3, 1984; här något förkortad)

Samsons undergång år 1905

Måndagen den 4 september 1905 låg helsingborgsskonerten Samson segelklar i Höganäs hamn, lastad med kloakrör, eldfast tegel och lera. Hon var destinerad till Kåge och Umeå. Befälhavaren, kapten N.P. Rosenqvist, befann sig på hemmaplan, bosatt som han var i Stubbarp, Brunnby. Nu hade han haft tillfälle att besöka sin hustru och de tre barnen. Även den 16-årige kocken, Anders Nilsson Sträng, var kullabo, närmare bestämt från Arildsläge. Föräldrar, syskon och kamrater hade vinkat av honom.

Vädret var tämligen vackert, och god vind rådde. Men så småningom ändrades vädret till det sämre, och söndag förmiddag blåste det upp till storm. På kvällen blev det dessutom regntjocka, och stormen övergick efterhand till full orkan. Klockan 19.30 observerades Svenska Högarnas fyr tvärs babord, och kursen ställdes nu mot Svenska Björns fyrskepp. Det blåste nu kraftigt från sydväst med hög överbrytande sjö. Mörkret och regndiset försvårade i hög grad navigeringen. Farten beräknades till ca sex knop. Plötsligt vid halv tvåtiden på morgonen kändes en kraftig stöt. Samson hade törnat mot ett undervattensskär i Ålands södra skärgård.

Vid olyckstillfället, som inträffade under befälhavarens vakt, låg kocken i sin koj och sov, lyckligtvis fullt påklädd. Vid den kraftiga stöten vaknade han och rusade genast upp på däck. Då strömmade vatten redan ner i skansen. Förutom kaptenen och kocken fanns en styrman och en lättmatros. Fartyget kastades på sidan, den ena våldsamma sjön efter den andra vräkte in över däcket, och inom några minuter slungades båtarna, kabyssen och allt annat löst överbord. En kraftig brottsjö kastade såväl kaptenen som styrmannen ut i det kokande vattnet. En ny våg tog även lättmatrosen med sig, och nu var endast kocken kvar ombord. Han höll sig krampaktigt fast vid skutans lästång. Men det forsande vattnet vällde in och slog in brädgången, och denna gång spolades även Nilsson ut i det upprörda havet.

Efter ca fem minuters kamp lyckades kocken få tag på kabyssens akterskott och klamra sig fast. Härifrån hörde han hjärtskärande skrik från kaptenen, som antagligen strax därpå försvann i djupet. Från lättmatrosen hördes ej ett ljud, förmodligen genast från början slagen medvetslös av några kringflytande vrakspillror. Styrmannen Axel Andersson från Öland höll sig uppe med hjälp av en båtsurrning och samtalade med Nilsson några minuter, men så försvann även han i mörkret.

Anders var nu ensam och kämpade för livet med att hålla sig fast i det svagt sammanfogade kabyss-skottet. Denna kamp varade i nära sex timmar, då han ibland kunde vila ut på skottet men lika ofta drogs ner i det forsande vattnet. Då blev det att ta nya tag tills han lyckades kravla sig upp igen.

Måndag morgon vid åttatiden, sedan vinden övergått till nordväst och blivit mera laber, drevs ynglingen, nu till ytterlighet utmattad, in mot ett skär, men det var så litet, att vågorna hela tiden spolade över det – där kunde han inte hålla sig kvar. Med uppbjudande av sina sista krafter lyckades Anders uppnå en större klippa i närheten vid namn Gulskär. Här var kalt och ödsligt, inga träd eller buskar fanns, bara några enstaka gräsplättar syntes här och var.

I lä av skäret vilade den skeppsbrutne ut, och vid middagstiden hade stormen bedarrat. Solen lyste nu från en molnfri himmel, och Nilssons kläder torkade. Men nätterna var kalla, någon sömn var ej att tänka på, utan det blev att springa runt, runt utan uppehåll för att hålla värmen.

Någon mat fanns ej att få för kocken, men litet färskt vatten lyckades han uppfånga ur några hålor på skäret. Plötsligt tisdag förmiddag fick Anders syn på en lång stång, som flutit iland. Genast reste han den som en slags signalmast mellan några stenar för att därigenom påkalla uppmärksamhet. Ingen blev dock varse stången, och nu började Samsons kock verkligen misströsta om att bli räddad. Självfallet led han också mycket av hunger, något som bidrog till att öka hans missmod.

Men onsdag morgon efter mer än två dygn i ensamhet på Gulskär, kom äntligen hjälpen. Från ett större skär i närheten, Kläfskär, hade två säljägare genom sina kikare observerat stången, och därmed var Nilsson räddad. Han blev genast hämtad i deras båt, mat fanns ombord och gott kaffe serverades, och för den uthungrade skeppsbrutne framstod det hela i efterhand som ett verkligt kalas.

Anders fick vila ut i säljägarnas hem, och han rönte både omvårdnad och vänlighet från alla bofasta, ja de till och med gav honom pengar till hemresan. Men först måste Nilsson som ende överlevande avge sjöförklaring, vilket skedde i Degerby.

Resan hem gick över Stockholm, och väl framme i Helsingborg övernattade han på sjömanshemmet. Nästan tre veckor efter avfärden från Höganäs återkom den unge Anders till sitt hem i Arildsläge. Trots sina strapatser tvekade han inte att fortsätta sin sjömansbana, men det smärtsamma minnet av sina upplevelser i samband med förlisningen blev han aldrig kvitt – inte ens på gamla dar.

(Publicerad i Svensk Sjöfarts Tidning nr 49, 1990)

Barkskeppet Jupiter (målning).

Morbror i barken Jupiter

Sedan min mors fosterfar och morbror, sjökaptenen Carl Henrik Malmberg från Brunnby, förlorat sitt barkskepp Frisk år 1900 vid Söderarm, funderade han länge och väl på om han skulle investera i en ny skuta. Han var femtiosex år och tyckte kanske, att det var för tidigt att gå i land. Efter överläggningar med sin hustrus farbror, skeppsredaren Johannes Jönsson, som uppmuntrade honom, bestämde han sig.

Ett rederi bildades med Malmberg som huvudredare. Fjorton personer blev delägare, alla sjökaptener med undantag av skeppsmäklaren Axel Mörck och skeppshandlaren F.W. Knutsson, båda bosatta i Sunderland. Då huvudredaren även skulle fungera som befälhavare, satsade han mest, tjugotre procent. I min ägo har jag *Contobok för barkskeppet Jupiter från Brunnby*, och genom den kan jag både följa skeppets seglatser och inhämta uppgifter om inkomster och utgifter under åren 1902-1906.

Den 14 februari 1902 for "morbror" (så kallade min mor sin fosterfar) till Trelleborg och inhandlade barkskeppet Jupiter för 18.000 kronor. Lån på 19.000 kronor hade dessförinnan upptagits i Brunnby sparbank, varav 1.000 kronor utgjorde kölpenning. Man brukade fördela eventuell vinst i december månad för att sedan i mars ta upp ett nytt lån i sparbanken. Under de år Jupiter seglade utdelades sammanlagt 2.913 kronor till delägarna. Hon blev en dålig affär för alla, i synnerhet för befälhavaren.

Många historier brukade berättas från sammankomsterna, då räkenskaperna gicks igenom med delägarna i de olika rederierna. Min fars favorithistoria var följande: En gång, när inkomster och utgifter granskats, fann en lantbrukare anledning att ifrågasätta en ofta förekommande post på utgiftssidan, *pale ale*. Då ifrågavarande odalman ej var förtrogen med engelska språket, frågade han: *Det står jämt "pale ale"* (uttalat som det skrivs), *vad är det för något?* Skepparen svarade: *Det är något vi stryker under kölen så skutan kan segla snabbare.* Med det lät sig frågeställaren nöja. Sådana tricks gick dock inte för sig med Jupiters delägare, som ju alla var sjöfolk.

Redan dagen efter köpet avsändes telegram till Axel Mörck i Sunderland om fraktslutning. Olika inköp antecknades noggrant. En ny vindmöllepump anskaffades till ett pris av 255 kronor, och även tull måste betalas på denna, 25 kronor. En timmerman i Trelleborg presenterade en räkning på 52 kronor, och hos skeppshandlare Petter Månsson i Helsingborg inhandlades matvaror för 540 kronor. En ost på 3 kilo 670 gram till skeppsbruk inköpte skepparen själv för 3 kronor 67 öre.

Under årens lopp har omväxlande Malmberg och hustrun Johanna fört pennan i *Contoboken*. Resorna gick ofta från någon norrländsk hamn med trävaror till Sunderland, men andra hamnar har också antecknats: Grimsby, Rönne, Gamleby, South Shields och Köpenhamn.

Då mina föräldrar en gång befann sig i England, åt de middag tillsammans med en kapten, som hade sitt fartyg förtöjt vid sidan om min fars. Han berättade då om hur han i unga år seglat matros ombord i barkskeppet Jupiter, vars befälhavare hette Malmberg. Mina föräldrar spetsade öronen men höll god min till en början:

Malmberg var, berättade fars kollega, *godmodig och ytterst originell, men en gång ilsknade han verkligen till. Det var så att besättningen till leda fått äta sill en längre tid. Då hustrun Johanna, som brukade följa med Jupiter sommartid, beslöt att för en gångs skull beträda kabyssen och laga till sin specialitet, sillasoppa, bestämde sig besättningen för att demonstrera mot den i deras tyckte alltför ensidiga kosten. De stack tändstickor i en massa sillar och placerade dem i en lång rad fram till kajutan. Gubben rusade ut, arg som ett bi, och skrek: "Kok sillen, stek sillen, gör vad fan ni vill med sillen, men sill ska ni ha!"*

Då mina föräldrar omtalade släktskapet med skepparen, blev det många goda skratt. Min mor brukade säga, att anledningen till att morbror blivit så arg var nog att Johannas sillasoppa kritiserats. Sin fru satte han nämligen mycket högt.

Natten mellan den 19 och 20 maj 1906 slog olyckan ner på Jupiter. På resa från Skutskär mot Sunderland med last av trä stannade hon i tät dimma på den beryktade skeppskyrkogården Salvorev utanför Fårö. Tursamt nog räddades alla, men den fina docka som inköpts i England för min mors räkning följde fartyget i djupet.

Här följer ett utdrag ur sjöförklaringen:

Härefter höres först Malmberg angående förloppet vid den timade olyckan, därvid han förklarar sig till alla delar vidhålla de i dagboksutdraget förekommande uppgifter med tillägg:

att fartyget, som blifvit byggdt 1886 och varit lätt att manövrera, nu mera är kondemneradt;

att kursen satts inom lysvidden för Holmuddens fyr på sådant sätt, att fartyget skulle komma att gå öster om Gotland i djupt farvatten, hvadan Malmberg, som med säkerhet trott sig skola gå klar från land, icke ansett nödigt att använda lodet;

att de mistsignaler, bestående af skott, hvilka skola gifvas från Holmuddens fyrstation och som torde i vanliga fall kunna iakttagas på ett afstånd af omkring sexton minuter, icke före strandningen kunnat höras från fartyget, oaktadt afståndet emellan strandningsstället och fyren utgör endast 7-8 minuter;

att anledningen härtill antagligen var luftens på grund af den starka tjockan ovanligt tunga beskaffenhet;

att efter olyckstillfället endast en gång, klockan 1/2 9 förmiddagen, signalskott från fyren iakttagits å fartyget;

att därest sådana signaler i rätt tid kunnat uppfattas, olyckan möjligen skulle kunnat förekommas;

att de under resan använda sjökort af Malmberg inköpts år 1902 och sedermera under flera resor begagnats utan olägenhet däraf uppkommit;

att lasten bestått af trävaror och varit ordentligt stufvad;

samt att Malmberg vid olyckstillfället fört befälet och befunnit sig på däck;

åberopande Malmberg ett så lydande intyg:

På begäran af kapten C.H. Malmberg befälhavare på i Brunnby hemmahörande skeppet Jupiter som natten mellan den 19-20 dennes under svår tjocka törnade på Salvoref, förklara vi undertecknade som med lifräddningsbåt bergat hela fartygets besättning, att under tiden då fartyget strandade var svår ostlig ström rådande, och var det förenadt med stora svårigheter att med 14 man på årorna taga oss fram till fartyget mot den särdeles svåra strömmen; och tillföljd deraf svårt brytande sjön, hvilket allt härmed under edlig förpliktelse intygas.

Skärsände i Fårö den 21 maj 1906. G.T.P. Du Rietz uppsyningsman, Skärsände Lifr.station. Karl Ekman, Roddare, Viktor Ekman, Roddare.

Ytterligare tre besättningsmän förhördes, och samtliga bekräftade riktigheten av skepparens uppgifter.

Efter Jupiters förlisning lämnade min mors fosterfar sjölivet för gott och gick i land. I fortsättningen ägnade han sig med liv och lust åt kommunala och kyrkliga uppdrag. Före varje sammanträde brukade han – så som Winston Churchill lär ha gjort – öva sina tal framför spegeln, med åtföljande gester och åthävor, och Johanna och min mor måste agera publik.

Då morbror ibland kom hem från en god bankmiddag, där han fått litet innanför västen, hände det att han sade: *Jag har inte haft så roligt sedan jag var i Buenos Aires!* – men vad han haft för sig i Buenos Aires fick ingen någonsin veta.

(Publicerad i Longitude 32, 1996)

Briggen Pepita.

En svår julresa med Pepita

Vid slutet av 1800-talet och ganska långt in på 1900-talet började säsongen för segelfartygen vanligen i mars månad, efter ca 4 månaders "dvala". Då hade skutorna i allmänhet legat upplagda i någon dansk eller tysk hamn. De flesta resor slutade ju lyckligt. Men höststormarna var de mest fruktade – i de små fiskelägena längs Skånes kust var det alltid sorg i något hus vid juletiden. Helst hade man velat lägga upp redan i september månad, men för att finanserna skulle gå ihop fick man allt segla på fram emot jul.

Min far mönstrade som lättmatros ombord på briggen Pepita från Lerhamn den 11 april 1907. De flesta resorna gick från Norrland med trä till England och därifrån med kol tillbaka till Sverige. Men den sista resan för år 1907 (som verkligen i bokstavlig mening höll på att bli den *sista*) skulle Pepita med sin kol-last fortsätta till Portugal från England och sedan segla hem med last av salt. Det kom att bli en mycket besvärlig resa.

Lördagen den 14 december avseglade Pepita från St Ybes med kapten J. Wessberg som befälhavare. Det var en varmt religiös man, och skutan förde Bethelflagg. I början hände inget anmärkningsvärt. Allt gick som det skulle, men efterhand råkade man in i ett fruktansvärt oväder. Vi låter far själv berätta:

– Vi trodde, att vår sista stund var kommen. Vi slet som djur vid pumparna, och vi fick offra nästan all vår frivakt. Vindmöllan kunde ej ensam hålla skutan läns. De få timmar vi hade kvar av frivakten, måste ju användas till att äta och få litet sömn, och någon riktig vila kunde det ej bli tal om. Efter 2-3 timmar måste vi ut i kölden och vätan igen, oftast i sura kläder, ty dessa hade ju ej hunnit torka. När allt hopp syntes ute, sjönk kapten Wessberg ner på knän och anropade Gud om hjälp. Han vädjade till oss: *Pågar, jag vill inte beordra någon upp i riggen i denna storm, men vill några anmäla sig frivilligt kan vi kanske frälsa våra liv.*

Jag och min skolkamrat, John Paulsson från Arild, anmälde oss och revade seglen – till sist hade vi bara stumparna satta. Skutan gjorde ringa framfart i den rådande stormen. Sjön var krabb, och vi drev ideligen ur kursen. Frivakten fick kallas ut varje gång vi skulle vända, bärga eller sätta segel. I mer än fyra veckor höll vi på detta sätt på att kämpa mot storm och brottsjöar, och först den 18 januari 1908 ankom vi till Helsingborg. Så fort som möjligt sände jag telegram hem för att tala om att jag var i livet. Säkert hade de där hemma gett upp allt hopp.

Först efter många år fick jag höra, hur de anhöriga hemma hade upplevt denna väntans tid. Jag gjorde en dag ett besök hos min gamla faster, som nu vistades på ett sjukhem. Helt apropå berättade hon om den svåra julen 1907. Hon var då 13 år gammal. Man hade som vanligt satt in granen i finrummet lillejulafton och prytt den med röda pappersgirlanger och äpplen. Man tillverkade allt jul-pynt själv. Inte hade man råd med att köpa sådant.

Men den riktiga julglädjen ville ej infinna sig. Tankarna gick ständigt till sonen och brodern därute på havet. Det blev inte bättre av att läsa tidningarna, som dagligen skrev om alla förlista fartyg och de många skepp, som i dessa dagar försvunnit med man och allt.

En dag hade min farmor plötsligt rusat fram till granen, slitit bort alla julprydnader och ropat: *Här skall inte vara några röda papper, vi har fått sorg i huset!* Min faster fortsatte att berätta:

Det blev så tyst och tungt hemma – vi vågade knappt leka och skratta. Jag sprang dagligen upp till telefonstationen i Brunnby. Det gjorde jag mest för mors skull. Själv tyckte jag det var rätt så meningslöst. Men en eftermiddag i mitten av januari stod Stava på telefonstationens trappa med kappan på. Då hon fick syn på mig ropade hon: ”Jag skulle just gå hem till er, skynda dig hem, telegram har kommit från Helsingborg. Pepita är framme och alla ombord är med.”

Min moster fortsatte: *Benen gick som lärkevingar, det sjöng och jublade inom mig, och det slog nästan gnistor om tofflorna när jag sprang hem över backarna. Du kan tänka dig vilken glädje! Det var verkligen en senkommen julklapp, när din far kom hem. Behöver jag tala om för dig, att den gödda kalven slaktades?*

När min faster tystnat, tänkte jag på vad far berättat för mer än 30 år sedan. Det kom för mig några verser ur Psaltaren, som jag läst kort tid dessförinnan:

De foro på havet med skepp
och drevo sin handel på stora vatten;

där fingo de se Herrens gärningar
och hans under på havsdjupet.

Med sitt ord uppväckte han stormvinden,
så att den hävde upp dess böljor.

De foro upp mot himmelen, ned i djupen;
deras själ upplöstes i ångest.

De raglade och stapplade såsom druckna,
och all deras vishet blev till intet.

Men de ropade till Herren i sin nöd,
och Han förde dem ut ur deras trångmål.

Han förbytte stormen i lugn,
så att böljorna omkring dem tystnade.

Och de blevo glada att det vart stilla,
och han förde dem till den hamn dit de ville.

Psalt. 107:23-30

(Publicerad i tidskriften Kvällsstundens Julnummer 1989)

Bekymmer med S/S Margaretha

Enligt Kommerskollegiets redogörelse för Svenska Handelsflottans krigsförluster under första världskriget, beräknar man att 689 svenska sjömän fick sätta livet till. Minor, torpeder och bomber gjorde ingen åtskillnad om fartygen var neutrala eller tillhörde någon av de stridande nationerna.

Men även om man hade tur och klarade livhanken under dessa oroliga år, kunde man ändå råka ut för andra besvärligheter. Det fick min farfar, sjökapten August Svensson, bittert erfara.

August Svensson seglade för rederiaktiebolaget Banco med hemvist i Stockholm. Detta bolag bildades i mitten av april 1905. Den förste verkställande direktören blev kapten Bror Banck, en i sjöfartskretsar känd helsingborgare. Efter ett par år efterträddes han av sonen Carl J. Banck. Denne hade växt upp i Helsingborg men efter avslutade skolstudier i hemstaden vistades han mer än tio år utomlands. Under dessa år praktiserade han på olika rederikontor i Hamburg, Paris och London. Han var således väl skickad att överta ledningen av Banco.

Bancos fartyg kom att i huvudsak trafikera bortre Medelhavet och Svarta Havet. År 1911 började rederiets tre ångare Margaretha, Ebba och Johanna att gå i reguljär trafik mellan Sverige och Levanten under namnet Svenska Levanten-Linien, Carl J. Banck & C:o.

I fyra år förde min farfar Johanna, men sedan hon i maj 1914 sålts till ett grekiskt rederi övergick han till att bli befälhavare i Margaretha. Han kom att få mycket bekymmer med detta fartyg i och med att första världskriget bröt ut på hösten 1914.

I nästan ett och ett halvt år låg Margaretha instängd i Svarta Havet på en liten plats med namnet Sulima. Midsommardagen 1915 skrev August Svensson ett brev till sin kusin, lantbrukaren Emil Wilhelmsson i Kvidinge. Brevet andas bekymmer och undra på det! Här följer ett utdrag:

Det faller mig in att skriva och tala om för dig hur jag har det. Det är en tid sedan jag skrev ett vykort till dig, men du har nog inte fått det. Som du nog vet, har jag legat här sedan september i fjor, med en last av Maize, och under denna tiden har jag lossat lasten tvenne gånger, gjort den i ordning, och ilastat den igen.

Allt detta har kostat omkring 200 Tusen Franc, och för att skaffa penningar till detta arbete, har jag sålt utav lasten. Nu är priserna så låga på Maizen här, att hela lasten är såld för att täcka kostnaderna. Som du nog kan tänka dig, är det ett stort ansvar, som jag iklädt mig och kommer tiden att utvisa, hur det ska bli.

Ja, i dag är det midsommar, men för vår del, som ligger här, har det ingen tillämpning, ty här finns intet grönt, utom Vass och Sand och Moskiter, och en tid som jag har upplevat, dessa tio månader vi legat här, kan inte du eller någon annan göra sig en föreställning om.

Men hela världen är ju upp och nedvänd, och hur besvärligt det varit här, har många andra haft det ännu värre.

Inte förrän i slutet av år 1915 blev äntligen min farfar befriad från sin ofrivilliga fångenskap. Margaretha såldes nämligen detta år i december månad till ett rederi i Rumänien för 1.300 000 dm. Hur min farfar slutligen tog sig hem genom det krigshärjade Europa är mig obekant, men hem kom han.

S/S Atalanta.

Med S/S Atalanta i fred och krig

S/S Atalanta var på sin tid ett mycket omtalat fartyg bland sjömän. Båten hade ord om sig att vara otursförföljd, och efter en eller två resor hade många bråttom att mönstra av. Och undra på det! Atalanta hade nog rekord i antalet grundstötningar och kollisioner. Ja, en av Atalantas befälhavare yttrade en gång till sin förstestyrman: *Vi får väl snart skriva i skeppsdagboken "Den dagliga olyckan inträffade klockan så och så".*

Atalanta byggdes i West Hartlepool år 1883, och hamnade i Sverige år 1900, närmare bestämt i Varberg hos AB Kattegatt. Det var särskilt under varbergstiden båten fick sitt dåliga rykte.

Som exempel kan nämnas, att en befälhavare vådasköt sig till döds, när man befann sig till sjöss utanför Skagen. Han skulle rengöra sina två revolvrar, då olyckan var framme. Tät dimma rådde, och när övrigt befäl skulle föra Atalanta till hemmahamnen Varberg, gick båten på grund utanför staden. Då skadorna skulle repareras på Helsingborgs Varf, blev det ny grundstötning vid Nidingen. 1912, även nu vid Skagen, kolliderade Atalanta med ångaren Titti av Malmö, och 1915 var det så dags igen: ny kollision med ångfartyget Forsvik av Kristinehamn.

I början av mars 1916 inköptes S/S Atalanta av Rederi AB Activ i Helsing-
borg. Min far, Vitalis Svensson, blev befälhavare för en kort tid. Det var
uppgjort på förhand, att han efter två månader skulle byta båt med kaptenen på
S/S Onsala, Christian Nilsson (Skärby), även han en kullabo. I min fars dagbok
är antecknat följande: *I början av mars rest till Göteborg för att öfvertaga befälet å
ång. Atalanta som inköpts till red.aktiebolaget Activ i Helsingborg.*

Det var min fars första anställning som befälhavare, och han var 27 år. Som
nämnts hade ju Atalanta ord om sig att vara en riktig otursbåt, och till det kom
att krig pågick – minor och torpeder från ubåtar var nästan dagliga företeelser.
Framtidsutsikterna tedde sig inte precis ljusa, men då min far var långt ifrån
vidskeplig, tog han chansen att bli befälhavare.

Den 13 mars 1916 avgick Atalanta från Göteborg med destination
Newcastle. Allt gick planenligt, och den vanligaste routen blev i fortsättningen
Tyne-Bayonne och vice versa.

Under dessa två månader kan man nästan säga, att Atalanta blev en turbåt,
ty far och de övriga ombord fick tillfälle att rädda den skeppsbrutna besättnin-
gen från den spanska ångaren Santanderino. Alfonso XIII, som var Spaniens
regerande monark fram till 1931, utnämnde som en följd av detta min far till
riddare av den spanska orden El Merito Naval. Att, som en tidningsskribent en
gång påstod, far skulle ha fått mottaga denna utmärkelse ur kung Alfonsos egen
hand är ren och skär lögn. Så ståtligt var det nu inte, utan min mor fick hämta
riddartecknet på posten i Brunnby. Men en lång väg hade det färdats. Först
från Spanien till spanska ambassaden i Stockholm, sen till Kungliga Utrikes-
departementet (det hette så på den tiden), därifrån till Landskansliet i Malmö,

vidare till Magistraten i Helsingborg för att slutligen nå Brunnby i början av november 1917.

Ett diplom anlände så småningom, avfattat på spanska, inramades och sattes upp på vår matsalsvägg. Som barn undrade jag alltid, vad de underliga orden betydde. För ca tio år sedan hade fil.mag. Birgitta Lindquist, Viken, vänligheten att översätta diplomet till svenska, och jag fick äntligen min nyfikenhet stillad:

DON ALFONSO XIII
AV GUDS NÅDE OCH ENLIGT FÖRFATTNINGEN
KONUNG AV SPANIEN

Med aktgivande på vad som ryms inom reglementsförordningen vad det gäller orden EL MERITO NAVAL, och då jag uppmärksammat Eder, Herr V. A. Svensson, vad Ni som kapten på den svenske ångaren ATALANTA utfört vid räddningen av de skeppsbrutna å den spanska ångaren SANTANDERINO, så har jag beslutat enligt min förordning av den 20 juni i det tjugonde århundradet, att tilldela Eder Korset av första klassen, tillhörande EL MERITO NAVAL. Det vita utmärkelsetecknet skall bäras, som omtalat är i artikel nr 2 av nämnda reglemente såsom belöning för speciella tjänster.

Sålunda befaller jag officerare i allmän tjänst samt sådana med specialutbildning, tillhörande flottans alla kårer och arméns institutioner, intendenter, ministrar, myndigheter och ämbetsmän inom andra grenar, att de skall erkänna Eder och anse Eder såsom en sådan riddare enligt nämnda EL MERITO NAVAL av första klassen, på det att Ni må bevaka alla de hedersbetygelser, som tillkommer Eder enligt ovanstående dokument, undertecknat av Mig och auktoriserat genom underskrift av ministern för marinkåren.

Betygat på den heliga Il'defonsos slott den 16 juli av det tjugonde århundrandet.

Jag, kungen

Dokumentet för riddare av EL MERITO NAVAL av första klassen till Herr V.A. Svensson, kapten på den svenska ångaren ATALANTA.

Att vara riddare av den spanska orden El Merito Naval innebar vissa fördelar. Bland annat behövde min far aldrig öppna sina väskor, när han gick genom tullen i Spanien. Denna förmån gällde även under Franco-regimen.

Den 8 maj var det tid för byte med Onsalas befälhavare Christian Nilsson. Det skedde i Rouen*, och far tjänstgjorde i fortsättningen som befälhavare ombord på Onsala kriget ut, och allt avlöpte lyckligt och väl.

Men nu tycks oturen åter ha fått fäste ombord på Atalanta. Den 17 maj 1916 meddelade Helsingsborgs Dagblad sina läsare: *Ångaren Atalanta af Helsingborg har utanför Downs blifvit påseglad av engelska ångaren Gallia och erhållit ansenliga skador.* Till denna olycka var kapten Nilsson helt utan skuld, och några ytterligare missöden inträffade mig veterligt ej under det år som följde.

Den 2 april 1917 såldes Atalanta till red. AB Viking i Göteborg. Fjorton dagar senare, när Atalanta var på väg från Göteborg till Hull med last av trä och järn, torpederades fartyget ute i Nordsjön. Av besättningens 16 man räddades endast stewarden. Kapten Nilsson hade vid försäljningen lämnat Atalanta för att i stället bli befälhavare på S/S Olivia, rederiet Activs tredje båt. Men förste styrman C.A. Norrman från Göteborg ingick s.a.s. i köpet som ny befälhavare på Atalanta och fick således följa fartyget i djupet.

Man hör ofta folk säga: *Vad vi svenskar kan vara lyckliga som undsluppit två världskrig!* Men sjömännen och deras familjer slapp sannerligen inte undan, vilket kan utläsas av ovanstående. Sammanlagt omkom 2 164 sjömän ombord på svenska fartyg under de båda världskrigen. De som klarade sig fick ofta men för livet – såväl fysiska som psykiska. Svenska staten tackade de överlevande med att hårt beskatta deras "krigsrisk".

(Publicerad i Kullabygd, årgång LXIII, Kullens hembygdsförenings årsskrift 1990 och i Svensk Sjöfarts Tidning nr 16, 1991)

* Vistelsen i Rouen, medan Vitalis Svensson väntade på att nästa fartyg skulle anlända, blev inte helt händelselös, vilket han berättar om i ett brev han senare skrev till en god vän:

...Det allvarligaste tillbudet under min tid i Rouen gällde emellertid något annat. En morgon kom ett tjugotal kaptener upp till mig i upprört tillstånd och förklarade, att samtliga deras besättningar gjort myteri. De hade vägrat att vidare arbeta, dels på grund av de risker som färden mellan Frankrike och England medförde, dels och framför allt därför att matransonerna var så dåliga. Särskilt hade de klagat på att det inte fanns något socker. Kaptenerna ville nu att jag skulle söka hjälpa dem genom att tala med besättningarnas talesmän, så att det hela kunde biläggas i godo. Jag visste ju inte riktigt vad jag skulle taga mig till men tågade slutligen ombord på en Sveabåt. där ett femtiotal besättningsmän samlats. Under armen hade jag Sveriges rikes lag. Jag höll ett litet tal till dem, där jag förklarade att deras tillvägagångssätt var lagstridigt och kunde medföra allvarliga konsekvenser för Sverige. Samtidigt lovade jag göra vad jag kunde för att förbättra kosten särskilt ifråga om socker. Efter en stunds överläggning beslöts att man skulle återgå till arbetet. Jag fick tag i Jules Roy, som var en förslagen karl och som snart också – hur vet jag ej – kom över ett ganska stort parti socker, som distribuerades på fartygen. Kaptenerna var mycket glada över utgången, och på kvällen anordnades av dem alla en fest för mig på ett av fartygen. De insisterade på att jag skulle skåla med var och en i svenskt brännvin, och ung som jag var ansåg mig inte kunna neka. Jag höll mig med möda upprätt, men den långa marschen hem tll hotellet genom de mörka gatorna blev både besvärlig och vinglig. Det var såvitt jag kan minnas min både första och sista ordentliga berusning.

Barkskeppet Rolf.

Sjöman från Kullabygden

När Sveriges sista barkskepp av trä, Rolf av Halmstad, en gång år 1925 passerades av ångaren Götaland utanför Falsterbo, hötte Tage Jönsson, välkänd befälhavare i segelskutan, mot ångarens försvinnande akter och utropade mot sin bror, befälhavare i ångaren: *Å, du bror Hugo, jag skulle min liv inte vilja byta med dig!*

Tage Jönsson, min morbror, hörde till de sjömän som blev de seglande skeppen trogna i hela sitt liv. Han satte aldrig sin fot på någon ångares däck annat än som gäst. Och man må icke förundra sig, han var praktiskt taget född under segel. Tage var endast två år gammal, när han första gången passerade linjen.

Det var under en årslång resa, som han med sin mor gjorde i faderns skonertskepp Joneheld. Man besökte både Sydafrika och Sydamerika, och till tilldragelserna under resan hör att han fick en liten syster. Modern, min mormor, födde ett litet flickebarn ombord. Kyrkoböckerna omtalar följande: *Hanna Ingeborg, f. 19/2 1886. Född ombord i Mexikanska Wiken, nöddöpt därstädes och sedan bekräftat 16/7 1886 efter hemkomsten.*

Familjen växte. Tolv barn kom till världen, varav sju överlevde. Skolferierna tillbringade barnen ombord i faderns skepp Krona, och där uppfostrades Tage till en duktig sjöman. Redan när han bara var 13 år tjänstgjorde han som kock ombord, och så småningom avancerade han till konstapel.

År 1903 avlade han styrmans- och sjökaptensexamen i Malmö, och från och med sommaren samma år seglade han som styrman med sin far i en nyinköpt skuta, barkskeppet Betzy. Krona hade gått förlorad på Jyllands västkust i september månad 1902.

Snart började livets allvar för den unge styrmannen. Efter en svår resa med Betzy anlände man i november till Gävle. Fadern, skepparen, min morfar, var alldeles uttröttad och skulle ta sömnmedel men tog av misstag en flaska, som innehöll karbolsyra. Om denna händelse skrev Helsingborgs Dagblad den 27/11 1903:

> Befälhavaren på den i Gefle hamn liggande barken Betzy af Halmstad, kapten J. Jönsson, råkade i går natt då han skulle intaga sömndroppar, i stället få tag i en flaska med karbolsyra hvaraf han drack. Han afled efter tio minuter.
>
> Den genom det ödesdigra misstaget så hastigt från lifvet bortryckte kaptenen var omkring 50 år gammal och bördig från Arildsläge. Han sörjes närmast af maka och sju barn.
>
> Under ett flertal år har kapten Jönsson seglat med i Kullen hemma-hörande segelfartyg och härvid gjort sig känd som en synnerligen duglig befälhafvare.

Tage, som nu var 20 år, fick som befälhavare föra Betzy hem till Halmstad, dit familjen flyttat år 1899. Han betraktade sig nu som familjeförsörjare, gick upp till redaren, konsul Th. Schéle, och bad att få överta faderns plats. Det svar han fick glömde han aldrig. Konsuln hade rakt inte tänkt sig att ha tjugoåriga pojkar som befälhavare i sina fartyg. Han fick nöja sig med att segla som styrman i Hestia.

Några år senare fick han emellertid sitt befäl. Det var i skonerten California av Halmstad. Med henne upplevde han sin första förlisning – som inte skulle bli hans sista. Vi låter honom själv berätta:

– Den 11 mars 1906 avseglade vi med skonaren California av Halmstad från Falkenberg, destinerad till Kolding med last av timmer. Vinden var sydlig och tilltog mer och mer på förnatten. Vid midnatt, då vi befann oss ett bra stycke sydvart om Anholt, blåste det full orkanstorm, så att vi endast kunde föra klossrevad gaffelfock och stagfock. Som vi befann oss lovart om Anholt beräknade jag, att vi, även med stor avdrift, skulle klara oss för denna och komma upp under Fornäs. Det var regntjocka så vi kunde inte se några fyrar. Vi hade ej tillräckligt räknat med den våldsamma ström, som satte nordvart. Vid tretiden på morgonen blev sjön alldeles omöjlig, varför vi misstänkte uppgrundning. Vid lodning fann vi, att vi måste vara nära Anholt. Strax därefter fick vi sikte på bränningarna föröver i lä, och land började även kunna skymtas.

Vi förstod då, att vi befann oss mellan sv-ändan av ön och den s.k. Packhusbukten. Vi rumplade omedelbart runt, varvid fartyget högg i botten ett par gånger. Nu gällde det att få segel satta så mycket som tåldes, för att om möjligt försöka klara land österöver. Revat storsegel och full stagfock sattes, men det hjälpte ej. Efter en halv timmes pressning fick vi på nytt se bränningar förut i lä, som det ej gick att klara.

Följande den gamla regeln att hellre segla i land än driva i land höll vi platt undan vinden mot land. Då vi med 7-8 knops fart passerade den första sandrevln, högg vi i grund en gång, så att jag trodde allt skulle gå i bitar. Hon höll emellertid, och som en häst, som stegrar sig, tog hon ny fart innan andra reveln nåddes men här fastnade vi. Sjön var här ej så våldsam, då den brutits på första reveln men likväl arbetade hon hårt. Vi började frukta för att skrovet, genom påfrestningen av den tunga riggen, skulle sprängas, varför vi beslöt kapa masterna. Vi blossade och sköt, men ingen observerade oss.

Vi fick senare veta, att strandvakten, en timme före vår strandning, passerat platsen på sin rond kring ön. Då det började ljusna, väntade vi oss bli observerade, men som ön ej är bebyggd på sydsidan såg vi ej annat än tomma stranden. Fartyget låg nu nergravt i sanden med riggen på sidan. Sjön gick fortfarande hög och nu, sedan surrningarna brustit, började däckslasten ge sig av. Vi hade nu ej annat val än att försöka få ut livbåten. Detta lyckades och vi kom efter en del äventyr ner i denna. Då båten kommit in under stampdaviten, var den emellertid nu fylld till hälften med vatten.

Nu bar det av inåt mot stranden med våldsam fart, men komna halvvägs upphanns vi av en brottsjö, som fyllde båten, så att denna sjönk och vi hamnade i vattnet. Kocken var ej simkunnig men till all lycka fick jag tag i en åra, som han klängde sig fast vid. Jag lyckades på denna bogsera honom i land trots att vi flera gånger var under vatten. Det var en lycka, att den vanliga ostliga strömmen, som löper rätt så kraftig mellan revlarna ej fanns – den började strax efter.

Det gällde nu att komma under tak. Vi såg en stång på en kulle inåt ön. På denna satte vi kurs men genomvåta som vi var och i den tunga sanden, tog det lång tid, innan vi kom till första bebodda hus.

Här vill man ej tro, när vi berättade, att vi själva bärgat oss och att ingen blivit borta. Vädret hade varit sådant, att om man sett oss, hade man fått använda raketapparat, ty det hade varit för hårt väder för livräddningsbåten att ta sig ut.

Jag stannade kvar, sedan besättningen rest hem, i 14 dagar för bärgning av last och inventarier. Jag minns, att alla var mycket hyggliga och gästfria, och att jag spisade harstek varannan dag.

Till detta skall endast läggas, dels att harstek hädanefter knappast var Tages älsklingsrätt, dels att California fyra månader senare bärgades och reparerades vid Halmstads Varv. Hon kom faktiskt åter i fart men bara för att den 2 januari 1914 åter stranda, nu på sydspetsen av Hallands Väderö. Även denna gång räddades hela besättningen, men skutan blev vrak.

Efter sin förlisning med California 1906 hade Tage seglat färdigt för ett tag. Andra äventyr lockade. Året därpå gick han som så många andra sjömän i belgisk tjänst och tillbringade åtta år i Kongo. Till en början var det bara sex vita på ett område större än halva Sverige, men några år senare, 1910, befann sig inte mindre än 20 svenskar i Kongo. Tage hade rangen av kapten i Kongostatens marinkår, och hans uppgift var bland annat att göra en viss sträcka av den väldiga Kongofloden segelbar.

Så kom det första världskriget, och i början av år 1915 anmälde sig Tage som frivillig vid en volontärkår, som kämpade mot tyskarna i Tyska Ostafrika. Här tjänstgjorde han i elva månader, men i slutet av året återvände han till Sverige och Halmstad. Av allt att döma hade han skött sig bra. Med i bagaget hade han bland annat en krigsmedalj, och senare blev han för sina insatser i Kongo utnämnd till riddare av Lejonorden.

Egentligen hade han kommit hem för att vila upp sig lite, men redan efter två månader blev honom stugan för trång. Sjön lockade. Han fick befälet i barkskeppet Talisman av Varberg och förde skutan nästan hela år 1916. Den 20 november förliste hon utanför Dundee i svår ostlig storm, under vilken inte mindre än nitton segelfartyg och tre ångare förolyckades på kuststräckan Shields–Montrose. Ingen av besättningen i Talisman omkom dock utan räddades med raketapparat.

Tage gav ingalunda upp. Han seglade vidare, nu i barkskeppet Hanna av Halmstad. Världskriget rasade för fullt, och nu hade Tyskland förklarat det oinskränkta ubåtskriget, det vill säga de torpederade alla fartyg, inklusive neutrala handelsfartyg, utan förvarning. Det hindrade inte, att Tage gjorde ett par resor med Hanna (oförsäkrad!) till England. I en tidningsintervju berättar han:

> Under 1917 var det endast två svenska segelfartyg som uppehöll trafiken på England, det var dels mitt fartyg Hanna och dels briggen Emil av Uddevalla, som förresten också fördes av en halmstadsbo. Emil försvann för övrigt spårlöst hösten 1917, försvann med man och allt. Möjligen blev den torpederad.
>
> Ute i Nordsjön träffade vi på zeppelinare en gång. Vi var på väg till England med en propslast till och med, och ute på Nordsjön kom den rackaren. Den kretsade först ett tag och tittade på oss men kom sedan rätt emot oss på några hundra meters håll. Jag hade emellertid också lite plank i lasten, och därför hade jag, utan någon som helst annan beräkning än att det skulle bli bättre att gå på, lagt den utanpå propsen.

Det var det som räddade oss. Zeppelinaren trodde tydligen – eftersom vi just då befann oss i den s.k. holländska rännan – att vi var på väg till Holland. Den följde efter oss en halv timmas tid, men befälhavaren ombord kände sig tydligen lugnad beträffande våra avsikter och vände och lät oss löpa.

Besättningen ombord tittade på mig, när zeppelinaren kom och undrade, vad jag skulle göra, men jag lät alla segel stå och fortsatte som om ingenting hade hänt. Hade vi satt ut båtarna hade vårt fartyg varit tillspillogivet. Vi rapporterade sedan zeppelinaren till engelsmännen, och inom en vecka hade några kryssare skjutit ner den...

År 1921 beslöt Tage att köpa ett eget skepp. I april förvärvade han den danska skonerten Victoria. Han förde henne själv och ändrade namnet till Majken efter yngsta dottern. I februari 1923, på resa från Norge till England, sprang hon läck ute på Nordsjön. Besättningen arbetade hårt i flera dygn vid pumparna men lyckades inte hålla skeppet flytande utan man var tvungen att gå i livbåten. De upptäcktes så småningom av en skotsk fisketrålare, som satte dem i land i Aberdeen. En vecka senare påträffades Majken på en av Shetlandsöarna. Hon var då ett fullständigt vrak och gick ej att rädda.

Skam den som ger sig. År 1923 förvärvade Tage barken Jonstorp. Med henne avslutades hans aktiva sjömansbana. Hon omnamnades till Rolf efter yngste sonen och kom att under en rad år fungera både som last- och skolfartyg. En hel del historier går om henne. Mest känd är kanske den när hon på en resa med trälast till Boulogne måste söka nödhamn i Norge. Den djärva inseglingen under mörker och rykande storm i en trång hamn har av pressen betecknats som en enastående sjömansbragd.

Efter förlusten av Rolf i september 1931 beslöt Tage äntligen att så att säga ge sjön på båten. Ännu inte femtio år gammal gick han i land för gott. Det var en orimlig tanke för honom att ägna sina tjänster åt något annat flytetyg än seglande skepp.

(Publicerad i Kullabygd, årgång LIV, Kullens hembygdsförenings årsskrift 1981 och i Longitude 21, 1985)

P.S. Ur Helsingborgs Dagblad den 17 september 1931:

Sveriges sista bark har nu spelat ut sin roll

Sveriges sista tremastade barkskepp, Rolf av Halmstad, har nu enligt meddelande till hemstaden gjort sin sista resa under dramatiska omständigheter. Den 3 d:s avseglade barken från Danzig med last av kol och destinerad till Halmstad, dit den beräknades anlända efter några dygn. Ödet i form av en rasande septemberstorm hade dock annorlunda bestämt. Utanför Bornholm blev stormen så våldsam att däckslasten gick överbord, och fartyget sprang läck. I flera dygn kämpade man mot stormen. På dagen en vecka efter avfärden befann sig Rolf utanför Kristiansö. Här fick barken en serie brottsjöar över sig och förlorade hela riggen. Trots fartygets i det närmaste redlösa tillstånd, lyckades dock befälhavaren kapten Tage Jönsson – den i många stormar prövade – med hjälp av sin duktiga besättning föra Rolf tillbaka till Danzig.

Därifrån meddelar kaptenen nu, att det ej torde löna sig att reparera barken, varför den således nu skulle ha gjort sin sista resa.

Rolf byggdes i Norge 1891 och gick till en början mellan Sydamerika och europeiska hamnar med kaffelaster. En mängd stormiga resor har den varit med om, bl.a. 1929, då den i flera veckor irrade omkring i Nordsjön och till sist gjorde sin berömda nattliga insegling i en liten norsk hamn.

Briggen Unico (målning).

N.P. Jönsson – en förgrundsgestalt i Brunnby sjöfartshistoria

Att vara lycklig ägare till en genuin sjömanskista är i våra dagar inte var man förunnat – inte ens om man råkar vara *kullabo-yankee*. Men förr var detta inget ovanligt i våra trakter. I mitt hem fanns inte mindre än tre sjömanskistor. Till det yttre var dessa snarlika, men lyfte man på locken, kunde man tydligt se, att *läddikan* i den ena kistan var dubbelbottnad.

En dag upptäckte min äldsta syster, att man genom ett enkelt knep kunde komma åt det understa facket. Till vår förvåning (och förtjusning) fann vi då en hel bunt brev skrivna 1884-1886. Adressaten var ägaren till sjömanskistan – sjökapten C.H. Malmberg, bosatt i Brunnby. De flesta av dessa brev var skrivna av hans hustru Johanna och är givetvis av mera personlig art. De intressantaste epistlarna har till avsändare hans svärfar, sjökaptenen och redaren Nils Petter Jönsson, bosatt i Stubbarp, Brunnby, och morfar till min mor. Genom att läsa dessa brev kan vi få en ganska god bild av en redares bekymmer, vedermödor men även glädjeämnen vid denna tid.

Jag återkommer längre fram till några av dessa brev, men eftersom jag fann Nils Petter Jönsson vara en intressant man, vill jag gärna först teckna ner de viktigaste händelserna i hans liv.

Nils Petter föddes den 5 oktober 1826 som son till rusthållaren och sedermera nämndemannen Jöns Svensson och hans hustru Anna Andersdotter från Bergahusen nr 5. Han växte upp på Stubbarp nr 1 (senare kallad Anders Nilsgården). Som så många andra pojkar från Kullabygden gick han tidigt till sjöss och mönstrade ut som jungman vid Halmstads sjömanshus (Helsingborg saknade vid denna tid eget sjömanshus). Men först måste Nils Petter som alla andra svära sjömanseden:

Jag Nils Petter Jönsson lofvar och svär vid Gud och Hans Heliga Evangelium, att jag städse skall vara min rätte Konung, den stormäktigaste Furste och Herre, Carl XIV Johan, Sveriges, Norges Göthes och Wendes Konung, samt det Kongl. Huset huld och trogen. Jag skall ock med lif och blod försvara det Konungsliga väldet samt Rikets Ständers fri- och rättigheter, allt i öfverensstämmelse med Rikets Grundlagar, dem jag till alla delar skall lyda och efterkomma.

Dernäst vill och skall jag i alla mål ställa mig till hörsam och underdånig efterlefnad Sveriges Sjölag och det för Svenska Coopvaerdie Skeppare och Sjöfolk utfärdade Reglemente, af den 30 Marti 1748, samt hvad än vidare redan är, eller framledes kan blifva om Svenska Sjöfarten stadgadt och förordnadt, såsom och i synnerhet utomlands ej gå utur min antagna samt vid utmönstringen antecknade tjenst och blifva utur Riket borta, utan ofelbart vara vederbörande Skeppare hit till Riket tillbaka följaktig.

Detta lofvar jag på heder och samvete hålla.

SÅ SANT MIG GUD HJÄLPE TILL LIF OCH SJÄL.

Skonertskeppet
Joneheld

Nils Petter blev så småningom lättmatros, matros och styrman. 1855 är han emellertid välbeställd skeppare – han blev då befälhavare på jakten Anrika från Torekov. Redan nu börjar han tydligen förstå, att han levde i en för sjöfarten dynamisk tid, och att här fanns goda möjligheter för en framåtsträvande ung man att *komma sig upp*. Han nöjde sig inte med att vara enbart skeppare utan började tidigt en rederiverksamhet, som så småningom blev ganska omfattande. Enligt Sveriges Skeppskalender redade han Anrika 1858-1861 och vid samma tid jakten Wiktoria, möjligen byggd i Arildsläge 1842.

År 1846 fanns 5 jakter om 69 läster skrivna i Arildsläge. Dessa jakter gick mestadels i kustfart, och man lastade företrädesvis sten till de skånska och danska städerna. Nils Petter Jönsson, som andra redare i trakten, gjorde goda affärer i fraktfart, och 1865 redade och förde han Arildsläges största fartyg, briggen Emelie Charlotte (83 läster). År 1866 fanns i Arildsläge skrivna 1 brigg, 4 skonerter och 6 jakter på sammanlagt 318 svåra läster.

Här följer en översikt av skutor, redade av Nils Petter Jönsson, hemort Arildsläge (ibland Stubbarp, ibland Nyhamn). Nils Petter var dessutom delägare i andra fartyg, såväl skutor som ångbåtar.

Fartyg:	Rigg:	Byggd i:	Byggår:	I N.P:s ägo:
Wiktoria	Jakt	Arildsläge?	1842?	1857–?
Anrika	Jakt	Skepparkroken	1841	1858–1861
Emelie	Skonert	Ekenäs	1860	1862–1875
Emelie Charlotte	Brigg	Öster-Risöer	1854	1865–1876
Ida	Brigg	Vifsta Varf	1857	1869–1876 *
Carl	Skonert	Elmshorn	1856	1873–1878
Juno	Skonert	Roslagen	1852	1873–1881 *
Frithiof	Brigg	Sundsvall	1866	1874–1880 *
Axel	Barkskepp	Hamburg	1864	1878–1884
Frithiof	Skonert	Prince Edvard island	1873	1880–1886
Joneheld	Skonertskepp	Kolboda	1871	1886–1887

(Rederiverksamheten bedrevs mellan 1857 och 1887. Fartygen köptes och såldes vid olika tidpunkter. * Tre av skeppen – briggen Ida, skonerten Juno och briggen Frithiof – förolyckades. Vår anm.)

Vilka faktorer spelade nu in, som gjorde, att det blev så lönande att bedriva rederirörelse vid denna tid? Framför allt var det därför att det kom en förordning om näringsfrihet år 1846. Nu började i Sverige och Västeuropa en industrialiseringsprocess, och behovet av kol och råvaror blev stort.

Samtidigt med att näringsfrihet infördes, upphävde engelsmännen sin spannmålstull. Därigenom blev det fri spannmålsexport, vilket kom att bli av stor betydelse för den skånska sjöfarten. Vanligast var, att man utförde spannmål, trä, tjära och järn till England, och i retur till Sverige hade man kol. Ibland seglade man vidare till Portugal eller Spanien med kolen, lossade den och lastade salt hem till Sverige.

Skutor, redade av Nils Petter Jönsson, gick ofta på långfart. År 1875 ankom exempelvis briggen Frithiof av Stubbarp till Cuba med styckegods från Antwerpen, och hon avgick sedan med socker till Falmouth *for orders*. Skonertskeppet Joneheld lossade också styckegods från Antwerpen men i Buenos Aires. Skonerten Carl angjorde slutligen Archangelsk vid Vita Havet och tog där ombord trä för Englands ostkust. Joneheld fördes och redades av Nils Petter Jönssons bror, Johannes Jönsson, men vissa år stod Nils Petter som huvudredare. Inte förrän 1886, köpte han Joneheld.

Nils Petter Jönsson och hans hustru Hanna, född på Knefvelen i Fjellastorp, fick med åren en stor familj. Fem söner och tre döttrar växte upp i hemmet vid Falkamöllan i Brunnby. Här hade Hanna med hjälp av dräng och pigor skött om gården alla år maken varit till sjöss.

Men tjänade Nils Petter stora pengar på sjöfarten, så tog havet sin blodiga tribut. Fyra söner och en svärson omkom på sina färder till sjöss. Den 24 april 1873 var denna dödsannons införd i Öresunds-Posten: August ...*död i Rio*

Janeiro utaf gula febern vid 16 års ålder den 19 mars. I januari 1877 präntade Nils Petter ner följande i familjebibeln: *År 1876, slutt uti Desember månad, förlorade Briggen Ida med man och alt uti Norsjön, min sverson Nils Petter Nilsson var befälhafvare och vår käre son John Bernhardt var konstapel och 17 år gammal.*

(Enligt Öresunds-Posten led 120 fartyg skeppsbrott natten mellan 29-30 december 1876, varvid inte mindre än 200 personer omkom.)

Sonen Ludvig drunknade *på kusten af N. America,* och Emil omkom med sin unga hustru Nicolina f. Falk vid skonerten Trusts förlisning vid Jyllands västkust. Men då hade Nils Petter varit död i flera år och slapp uppleva den sorgen. Den ende av sönerna, som uppnådde mogen ålder, var Edvard. Hans håg stod ej till sjön – han utbildade sig till lantbrukare. Efter avslutade studier vid Alnarps lantbruksinstitut for han 1881 till USA. Där blev han kvar livet ut och avled 1910.

Vid 50 års ålder gick Nils Petter Jönsson i land för gott och ägnade sig därefter åt sin rederiverksamhet. Men han deltog också livligt i den kommunala verksamheten och var en betrodd man i socknen. Bl.a. var han ledamot av kommunalnämnd och taxeringsnämnd. Som revisor anlitades han ofta och underskrev längder om uppbörd och debitering. 1876 valdes Nils Petter till huvudman i Kullens Sparbank.

I mitten av 1880-talet började det bli dåliga tider för sjöfarten. Det fanns många anledningar till det försämrade läget. Frakterna föll, och det blev en allmän konjunkturnedgång. Konkurrensen blev hård – de engelska varven byggde hela tiden nya, moderna stålfartyg med tekniska förbättringar (de gamla skutorna såldes till Skandinavien), och sist men inte minst – ångbåtarna kom. Därigenom sjönk segelfartygens värde. Såldes de blev det oftast med stora förluster.

Så här skrev Nils Petter till svärsonen C.H. Malmberg i april 1884:

Stubbarp 14/4 1884

Älskade sverson C.H. Malmberg, Halmstad.

Nu får jag tala om Axels sammanträde. Fex var där och regera som en vanlig tosing en tid men blef lugn till slut och bjöd på win på hans födelsedag. Beslutat blef att fartyget skulle på autjon försäljas på Torsdag, som kan synas i Skånes Allehanda Lördag– Tisdagsblad. Trolig hogger Helsingborgarna den för 1/2 verdet. Skulden går till 11.000 kroner, under den får den ej gå, får se hvad spekulanter der bler, den, som skall köpa fartyg kan ej bättre koma åt, medan troligt stor del kan behålla sina delar, och lånet kan Transporteras, så penningar bler ej frågan om. Får se hur det går, om Jane Nilsson spekulerar. Jag och Kallenberg var Långfredag i Flundrarp och tala med honom, tror ej Fex får redare, ty de fläste är nog rasande på honom och ej undra på det – du kan tänka hans oförvägenhet – varit strängt förbjuden sluta, hade han ändå slutad 2 frackter och di sämste, som finns från Gefle till Hull 28S och sedan från Arkangelsk till Hull 48S Stander, så om han kan få folket att föda sig själf må ändå blifva öfverstyr. Tillegram kom till mötet om en 3:dje frackt på en torr hamn, så han har varet galen, och om ej rederiet skonar honom, är han olycklig, han bad såvida om ursäkt till slut och sade, att han ej rådde för sitt humör, då han blef rörd i Blodet m.m. – Löcka på dina resor!

Ticknat i hast din upprigtige svärfar

N.P. Jönsson

P.S. Fex har slutat doligt till sest – han har bråkad till sin och de sinas skada. D.S.

Annons om Axels försäljning var även införd i Öresunds-Posten den 16 april:

Till följd af Rederiets, vid sammanträde uti Engelholm, denna dag fattade beslut om barkskeppet Axels försäljning å offentlig auktion kommer bemälde barkskepp, kopparfast och metallförhydt, lastande omkring 130 standard, nu liggande i Köpenhamn, att försäljas å auktion, som hålles vid brunnsinrättningen Helsan, invid Helsingborg näst- kommande torsdag den 17 april kl. 12 middagen. Vid auktionstillfället tillkännagifvas auktionsvillkoren, bland hvilka äro, att en blifvande köpare skall fullgöra tvenne för fartyget afslutade Certepartier.

Stubbarp den 10 april 1884

N.P. Jönsson

Hufvudredare för skeppet Axel

Enligt brev, daterad den 23 april, till Henrik Malmberg från hustrun Johanna, skulle kapten Fex själv ha köpt Axel. Hon skrev följande:

Jag får äfven tala om för dig, att Fexen sjelf köpte Axel på auktionen, den kostade något över 16.000 kr, du får väl bättre reda på det af Far då han skrifver, så det var du slapp att gå i vägen der.

Hur därmed förhöll sig är oklart. Enligt alla tillgängliga officiella papper köptes Axel av A. Pyk, Helsingborg. Ny befälhavare blev kapten N. P. Ljung- berg, bördig från Brunnby, och liksom J.A. Fex bosatt i Torekov. Kapten Fex hade varit befälhavare på Axel i 11 år. Johanna skrev i ett senare brev:

Jag får tala om för dig, att i går kom Moster Fex samt en af Flickorna med Tulljakten till Arildsläge. Truls Nilsson kom upp med Axels räkningar, så di kommer väl inte hit, det är ändå besynnerligt, vi som annars har varit di bäste vänner.

Affären med Axel medförde tydligen ovänskap mellan familjerna Fex och Jönsson.

Sommaren 1884 kom med värme men också svår torka. Nils Petter omtalar i brev till Hindrik, att *Emel fått examen (Styrman) men att 7 st blef kogg af skepparna, 4 fick, så det är för galet i Malmö.* Han och hustrun Hanna *morar* sig med trädgården, och gott om gubbar fanns det, som räckte till både släkt och vänner. *Mor har sina grisar och höns att passa, och jag mina dufvor. Papegojan och fisken finner sig väl – Gojan är ute och prisar solsjenet om dagarna, och Bella har fått 5 småttingar.*

Det märks, att Nils Petter njuter av att vara hemma till sist. Han är mycket intresserad av trädgården, och svärsönerna uppmanas att skaffa olika slags lökväxter i Holland. Man har ofta gäster och för tydligen stort hus. (Ett "stort hus" i jämförelse med vad de flesta i Kullabygden klarade av, men det var inte något överklassliv. Visserligen lämnade paret efter sig 72 tallrikar och 42 vinglas, men bara t.ex. 13 kaffekoppar och en armljusstake; vår anm.)

Carl Henrik Malmberg hade tydligen haft otur med sitt fartyg, briggen Unico, hösten 1884 och kolliderat med en norsk skuta. Svärfadern ger goda råd!

Den 1 November 84.

Älskade Sverson Kapten Malmberg, Helsingborg.

Som man ej hört, hur det gått med uppgörelsen om den Olöcklige Kolletjonen och troligt, får du väl ej komma hem, utan det kan blifva ordnad, hvilket går väl ej så lätt tills värre, utan bler väl process. Jag har suttet och studerad Sjölagsparagraferna och finner, att om han har för stora pretentjoner, så att lagen komer att afdöma ersättningen, hvilket bler nog bäst, så sök få en skeckelig advokat och gör honom uppmärksam på § 49 och 172 och 173 som sönerligast skulle lindra dig, om det bler rätt anfört, emellertid var den en ledsam afär, men det kan ej hjälpas, och du får taga det lugnt, ty många har fått genomgå sådana motgångar och äfven värre, som jag säger, är aldrig så stor olöcka, utan den kan vara värre, derför får man så gott man kan, söka reda sig från det på bästa sätt, och vända sig till någon, som bäst förstår saken, och mer kan man ej göra – det är nog synd, att man skall spella bort denna goda vinden, och norsken vell väl hafva pretention derpå, men det var en olöckshändelse, som man ej gerna kunde förhindra, så lagen är i almänhet mest ställd vid sådana händelser, att var skall draga sin förlust, om det bler rätt sjött. Emellertid, om han nekar låta göra det i svänsk hamn, så tror jag bäst du gör ditt i stand och fortsätter resan och kommer fram och lossar lasten, så får di i värsta fall, stoppa skutan, så får vi se, hur det går, ty det är en sak, som lasten ej har med att göra.

Jag skriver i afton, efter jag tror ej du kommer hem – vi har trott begge delar. Jag sänder pojken till Ryd i morgon, så du kan få det på måndag, sedan låt oss veta, hur det avlöper, sedan jag reste. Jag hade nog blifvit der, om jag kunde gort någon nytta men duger ej till att bry hufvudet med sådant nuförtiden – är sämre än man ser ut till av min sjukdom, vi har annars hälsan hemma, och alla hälsar dig och Johanna – bler tillfälle så gör en resa hemm! Men för all del – tag ej saken för tungt utan hålt modet och gör dig ej onödiga samvetsförebråelser, som blott försvårar saken, tror ej någon förståndig lägger dig till last, derföre mån nu och alltid väl – hälsa vänner och bekanta.

Ticknar i hast din Svärfar

N.P. Jönsson

Vintertiden tillbringades som vanligt hemma, och skutorna gick i *ide*. I början av april 1885 fortsätter brevväxlingen. Emil skulle nu upp i sjökaptensexamen.

Den 15 hade di Tengterat 3 ganger men hade 5 igen, så han hade hopp om att få lappen.
Emil fick sin examen och erhöll t.o.m. premium och betyget *Med beröm godkänd.*

Vidare finner Nils Petter att fraktmarknaden är dålig, *...det är uselt, hur det vell sedan komma att blifva genom dessa oroligheter, som i Tidningarna omtalas – är svårt att bedöma, får emellertid dana sig skälf, då man gör så godt man kan, och dermed får man låta sig nöja.* Brev har kommit från svärsonen Johannes från Pernambuco, *...men flere har gått därifrån – det hade varit fråga om bomuld till Östersjön, men di våga ej sända för kriget och ämnade fortsätta resan mot Santos. Han vänta ej annat än öfverstyr på resan, så det är osäkert att hafva del i fartyg.*

Med oroligheter avses med säkerhet de olika kolonialkrig, som fördes vid denna tid. Engelsmännen härjade i Egypten, det var krig i Sudan, fransmännen kämpade mot kineserna, italienarna försökte få fäste vid Röda Havet, det var spänt mellan Ryssland och England (det gällde Afghanistan), tyskarna ville också ha en bit av kakan, och nihilister sprängde bomber i London. Det krig Nils Petter nämner, som hindrade sjöfarten i Mexikanska golfen, kan möjligen handla om konflikten mellan Guatemala och Salvador. Guatemalas dåvarande diktator, Barrios, försökte med våld återställa den centralamerikanska federationen men misslyckades.

I juli kom brev med lite familjenyheter. Ludvig hade tagit hyra med en engelsk bark, destinerad till Nya Zeeland. Resan beräknades ta 10-12 månader. I ett P.S. står antecknat:

Bär det sej, så I kan få i land ett ankar genever, så om Du eller Emel vell köpa det, vore bra då det ej bler dyrare än brännvinet här. D.S.

Ålderdomens avigsida, krämpor, och sjukdomar, fick Nils Petter dras med som så många andra. I augusti 1885 skriver han bl.a: *I 14 dagars tid har jag röckavis varit plågad af tandvärk. Öronsprång, som ej är den bästa, så jag är så fet på högra kjäften i dag, så jag vet ej, när det tager slut, så man toler knapt sig själf, men man får, som Du säger, taga det med ro men bler mest med oro.*

Värre blev det senare på hösten, då Nils Petter fick sitt första slaganfall. Dottern Johanna skriver i november till sin make: *Far skall i morgon resa till Helsingborg, der bor en professor på Hotell Munthe, som har en slags apparat, som kan bota alla sjukdomar, så Far ska höra hvad han tror om honom.*

Denne "professor" hade tydligen sinne för reklam, ty han annonserade flitigt i såväl Öresunds-Posten som Helsingsborgs Dagblad. Så här lät det:

Sjuka och svaga passen på tillfället

Förlamningar, gikt, reumatism, neuralgie, ischias, nervösdöfhet, gikt i huvudet, tandvärk, reumatisk värk i lederna, darrning i lemmarna, susning i öronen, dålig matsmältning, kramp i magen, sendrag, kramp i händer och fötter, skriftkramp, armarnas, benens, urinblåsans och magens förlamning, nervsvaghet, sömnlöshet, oregelbunden månadsrening, svullnad i hand och fotleder, ryggmärgslidande och alla andra nervösa sjukdomar, smärta i halsen, ondt i ögonen, och dessutom alla slags blodstockningar.

Galvano-Elektro-Apparater

Trefaldig patentapparat kr. 20, andra pålitliga apparater 10 kr och 8 kr. 5 st kronor 30:-

Det var nog tur för "professorn", att Konsumentombudsmannen ej var upp-funnen! Om apparaten hållit, vad den så rundhänt utlovade, kunde man utan tvivel ha nedbringat antalet *eskulaper* betydligt.

1886 skrev Nils Petter Jönssons endast två brev till svärsonen Hindrik. Första brevet, daterat den 12 mars, handlar mest om aktier, fullmakter och blivande utdelningar, som svärsonen ombedes *"löfta och qvitera"*. Som vanligt avslutas brevet med: ...*önskar alt väl – må Gud låta oss åter råkas med hälsa och glädje – och löcka på dina resor! Ticknar med vänskap i all hast.*

N.P. Jönsson

1886 har kallats *konkursernas år.* Det var inte bara redare och sjöfolk, som drogs med ekonomiska svårigheter, utan en del bönder kom också på obestånd. Näringsfriheten gjorde, att t.ex. USA och Ryssland kunde exportera billig bröd-säd till Sverige. Bönderna fick sälja sin säd till vrakpriser, och många jordbru-kare, som fick betala 6% på upplånat kapital, knäcktes.

Den, som läser igenom Kullens Sparbanks protokoll eller dagspressen från den tiden, får en ganska god bild av läget. T.o.m. den "store" skeppsredaren Axel Pettersson i Helsingborg fick *slå vantarna i bordet.* Nils Petter Jönsson red ut stormen, men det sista bevarade brevet från honom präglas av djup pessi-mism. Det är daterat den 29 juni 1886. Dottern Johanna är med ombord på Unico.

Älskade Sverson & Dotter Johanna, mån väl!

Med Tacksamhet bekom vi brevet från Höganäs från Johanna och finner eder vid hälsan, som vi äfven har Gudi lof hemma, det har stått med mäst dålig vind för eder sedan, så

129

Gud vet hur langt i kan vara komna med dätta, i dag westlig frisk vind. Jag kan hälsa eder från J. Jönsson, Tilda, Tage & den lilla, lilla Hanna – alla har hälsan. J. Jönsson skall resa i morgon till Åhus för att få lossad skutan, sedan bler samanträde, så Gud vet hur det går i dessa usla tider, det bler nog Öfverstyr kan jag förstå – det är ledsamt att det lilla man har sparad och arbetad ihop skall gå nu på gamla skutor. Frithiof stod oss nu i 28.000 kronor och nu såldes hon för 5.600 så jag förlora på den delen 16 á 17.000 kronor. H. G. Kallenberg kjöpte skutan och sedan hör jag, han äfven köpt Petterssons hus och är flött till Wiken, har jag hört. Pettersson bor på Lerberget, han skall sedan flöta till Läd och skall hafva Bängta fuls hus, har jag hört. Så nu är här en faslig stälning med Konkorser och bedrägerier på alla sätt, som ej kan skrifvas, och mörkt ser det ut snart för en och hvar, i dag skall vara autjon på Anders Sväns ställe i Stubbarp, hur det skall gå. P. Nils fodringsägare skall samlas i dag i Jonstorp. A. Jönsson på Nybo & Jönsson, Lovisefred, med flera gått upp till Kongkurs, så alla storröster spelar, så här bler snart inga till att dansa. Emellertid har ej utsigterna sett så doliga ut i min tid, så godt vara så gamal man är.

Slutar med allas vår Jerteliga hälsning äfven från Anna och Alma, som är här – kom Lördags afton, då Johannes, Tilda och alla kom. Nu borjar Jordgubbarna mogna, så mor borjar sälja, det står ganska bra på landet. Kylden skådas, någodt frukt bler ingen. Adjö med eder alla för denna gang.

Skrif då tillfälle gifves!

N.P. Jönsson

År 1887 såldes det sista fartyget, skonertskeppet Joneheld. Därmed avvecklades en rederiverksamhet, som pågått i exakt 30 år. Men gården, som representerade det trygga i tillvaron, fanns kvar. Nils Petter var trött och sjuklig.

Den 12 juli 1888 nedtecknar han sina sista rader i bibeln: *Den 12 juli 1888 Dog min Ömt älskade Hustru Hanna Jönsson i Stubbarp vid en ålder af 57 år 3 månader 23 dagar af Stark Lung Inflamatjon efter 3 1/2 dagars sjukdom. Hänvisning till salmen 344, 2 versen.*

I 1819 års psalmbok lyder denna vers som följer: *Tung blir den väg, och mörk den qväll, Jag nu skall ensam vandra. Men snart i samma fridens tjäll Vi hvila hos hvarandra. Föräldrar, syskon, barn gå bort, Och make skiljs från maka: Att vi ett lif, så tomt och kort, Dess hellre må försaka, Och själens väl bevaka.*

Min morfar slapp *vandra den tunga vägen* en längre tid. Fem veckor senare drunknade han, men ej ute till sjöss utan hemma i sin egen källarbrunn. Det kan tyckas en ödets ironi, att han, som seglat på de flesta av världens hav i nästan 35 år och klarat sig trots alla svåra stormar, ändock till sist skulle drunkna.

Helsingborgs Daglad skrev om denna händelse den 14/9 1888:

Omkommen under säregna omständigheter

Igår på f m påträffades sjökaptenen Nils Petter Jönsson i Stubbarp af Brunnby socken död i brunnen i källarvåningen i sitt boningshus. Vid sidan af tinningen fanns ett större krossår. Den omkomne, som på morgonen var sig alldeles lik, hade under senare åren ett par gånger varit hemsökt av slaganfall, och tros det, att han nu under någon sysselsättning invid brunnen träffats af ett nytt slaganfall, störtat ned i vattnet och der hjälplös omkommit.

Kapten Jönsson, en man mellan 60 och 70 år, har under en följd av år, varit en av Kullens driftigaste skeppsbefälhavare och redare, hvarjämte han äfven beklädt kommunala förtroendeuppdrag. Han ansågs på en tid äga en betydlig förmögenhet, men denna hade under de för sjöfarten ogynnsamma konjunkturerna smält ihop. Emellertid var kapten Jönsson vid sin nu inträffade död en velbergad man. Enkling sedan 5 veckors tid efterlemnar han flera söner, af hvilken en för briggen *Dalkarlså* samt döttrar gifta med sjökaptener.

Därmed avslutades ett verksamt och innehållsrikt liv. Nils Petter Jönsson kan ses som en typisk representant för den s.k. *lantmannaseglationen.* Denna epok i vår sjöfartshistoria upphörde nästan helt kring sekelskiftet. Då segelfartygens betydelse kraftigt minskade, och ångbåtarna gjorde sitt inträde, flyttades så gott som all rederiverksamhet från landsbygden till städerna. Helsingborg kom att för lång tid framöver bli den dominerande sjöfartsstaden i Skåne.

(Publicerad i Kullabygd, årgång LIV, Kullens Hembygdsförenings årskrift 1981; här något förkortad)

Efterord

Den epok som skildras i dessa berättelser är den då de seglande skeppen kom att ersättas av ångdrivna fartyg. Det var en process som tog runt hundra år, från det första praktiskt användbara ångfartyget 1807 till första världskriget. Visserligen seglades det även en tid efter kriget, bland annat med segelskutor från Åland, men kriget får nog anses utgöra det definitiva slutet för de stora seglande skeppen på världshaven.

I efterhand kan man möjligen undra varför övergången tog så lång tid. Ångfartygen hade ju redan från början en klar fördel i att de inte var beroende av vädrets nycker och därför kunde hålla tider på ett helt annat sätt än segelfartygen. Men denna epok sammanföll med två andra utvecklingar. Det handlade om att de seglande skeppen blev allt effektivare, mer snabbseglande fartyg som dessutom krävde mindre besättningar. Det handlade också om att man under 1800-talet kartlade de förhärskande vindar som råder över stora delar av världshaven. Det är vindar, monsunvindar och passadvindar, som inte alls är särskilt nyckfulla utan pålitliga bara man känner till var de blåser och under vilka perioder (som framgår av berättelserna i denna bok kan vindarna över andra delar av haven, såsom Nordsjön, vara desto mer nyckfulla).

Det innebar att segelskeppen under flera decennier med framgång kunde konkurrera med ångfartygen, särskilt på långa distanser. På de seglasterna, exempelvis mellan Europa och Australien, kunde segelfartygen bli nästan lika punktliga som ångfartygen. Segelfartygen behövde inte heller föra med sig något bränsle. Ju längre resa för ett ångfartyg, desto större del av lastutrymmet fick reserveras för kol till de egna maskinerna.

Ångfartygen hade dessutom några andra nackdelar i jämförelse med de seglande skeppen. De krävde ofta hälften till så stor besättning och kostade ungefär femtio procent mer att bygga. Eftersom träskrov inte klarade av vibrationerna från de starkare ångmaskiner som byggdes under senare delen av 1800-talet, byggdes de maskindrivna fartygen istället av stål som var dyrare än trä. Men stålskrov besätts lätt av tång och havstulpaner, som då ökar fartygets friktion mot vattnet och ökar bränsleförbrukningen. De seglande skeppen var istället på utsidan av träskroven försedda med en tunn kopparplåt, vilken höll växter och djur borta.

Men ångmaskinerna utvecklades också och blev efterhand allt snabbare och allt mer bränslesnåla. Medan segelfartygen runt mitten av 1800-talet var mer lönsamma än ångfartygen på distanser över fem tusen kilometer var de fyrtio år senare bara lönsammare på avstånd över femton tusen kilometer. Och så skulle det fortsätta…

Tore Persson

Ordförklaringar

andrahandstonnage betyder att man köper ett begagnat fartyg, "second hand". När man i England kring förra sekelskiftet gick över till ångfartyg sålde man ofta de begagnade segelfatygen till exempelvis svenska redare.

ankare är inte bara en anordning för att fästa ett fartyg vid havs- eller sjöbotten. Det var förr också benämningen på en liten tunna för vin, öl eller brännvin och användes även som mått på sådana drycker (motsvarande 39,26 liter).

Arildsläge eller *Läget,* nuvarande Arild, vid foten av Kullaberg och på södra stranden av Skälderviken. Arildsläge var från början, under senare delen av medeltiden, en fiskehamn för närliggande byar, som Brunnby m.fl. Enligt en legend ska orten vara uppkallad efter ett helgon, Sankt Arild, som efter att han som barn mördats på havet flöt iland just där. Hans syster, Sankta Tora, ska ha flutit iland i nuvarande Torekov på Bjärehalvön. De ska ha betraktats som och erkänts som helgon efter att flera mirakel inträffat efter att deras kroppar påträffades.

aviser, tidningar på danska.

babord, vänstersidan av fartyg (om man är vänd mot fören).

barkskepp, ett segelfartyg med tre eller fler master och vars aktersta mast är gaffelriggad medan övriga master är råriggade.

battens, plankor eller bräder.

bethelflagg hissades av befälhavare för att kalla till gudstjänst. Flaggan var röd och vit och var försedd med inskriptionen 1 Mos. 24:31. Bibelstället lyder: "Kom in, du Herrens välsignade. Varför står du här ute?"

bidevind, med vinden snett framifrån.

bogspröt, en stång som sticker ut framåt från fören på ett segelfartyg och vid vilket förseglet är fäst.

brassa, vrida på rårna på ett segelfartyg för att vinden ska fylla seglen.

brigg är ett tvåmastat segelfartyg med råsegel på båda masterna plus ett gaffel-segel på aktre masten.

bärga (berga), rädda någon/något ur en hotande situation; ta in segel, t.ex. vid analkande storm.

certeparti, kontrakt mellan redare och befraktare angående en viss befraktning (dvs hyra av fartyg för något slag av transport).

coopverdie, se kofferdifartyg.

eskulap, läkare.

famn, ett mått för att ange korta avstånd och havsdjup, motsvarande ca 1,8 meter (från engelskans "fathom").

fock, ett segel framtill på skepp. Kan se olika ut beroende på typ av rigg, men är ofta ett trekantigt segel framför förligaste masten. En *gaffelfock* sitter på aktersidan av förligaste masten.

fonograf, den första apparaten för inspelning och uppspelning av ljud, som lagrades som spår på en cylinder.

fot, ca 0,3 meter.

frivakt, tiden mellan två vaktpass på fartyg; den del av besättningen som inte har vakttjänst.

fullriggare, ett segelfartyg med minst tre master och rår på alla master (den välbekanta af Chapman vid Skeppsholmen i Stockholm är en fullriggare).

gaffelsegel, ett trapetsformat segel som sitter mellan två bommar på aktersidan av en mast.

galeas, ett tvåmastat segelfartyg med stormasten framför mesanmasten och med snedsegel, vanligen gaffelsegel, och ibland med en eller två råsegel i toppen av stormasten.

galjon, en utbyggnad för om förstäven och under bogsprötet på en del äldre segelfartyg för att underlätta arbetet på bogsprötet.

halsar: babords halsar, när vinden kommer in från babords sida; styrbords halsar, när vinden kommer in från styrbords sida.

halvdäck, den upphöjda delen av ett däck (huvuddäck) akter om stormasten.

jakt, ett mindre enmastat segelfartyg, där det största seglet är ett gaffelsegel.

jungman, den med minst erfarenhet bland däckspersonalen på fartyg, efter *matros* och *lättmatros*.

kabyss, fartygets kök.

karbolsyra eller fenol är en starkt frätande vätska, som bland annat använts för att lindra klåda.

klossrevad, från en äldre dansk benämning på hård kuling, *klossreva kuling*.

knop, mått för fartygs hastighet genom vattnet; en knop är en nautisk mil (1 852 meter) per timme.

kofferdifartyg, handelsfartyg (även *coopverdie* fartyg, skeppare etc, fr. holländska).

konstapel, en oexaminerad andre styrman på ett segelfartyg.

kopra, den torkade frövitan från kokosnötter (kokosfett görs av pressad kopra).

koppra, förkoppra, bekläda eller beslå t.ex. en fartygssida med skyddande lager av koppar.

knyttet i Knude (danska), knuten i knutar, en flagga vars hörn är hopbundna, vilket förr var en nödsignal (man kunde även binda ihop flaggan på mitten).

krabb sjö, korta och höga vågor.

kravell är en båtbyggarterm, som innebär att bordläggningsplankorna (de yttre plankorna) på träbåtar ligger kant i kant med varandra och man därmed får en slät utsida (till skillnad från klinkbyggda båtar där plankorna ligger omlott, delvis på varandra).

kullabo-yankee (kullajänke), sjöman hemmahörande i Kullabygden.

Kullamannen ska enligt legenden bland annat ha övervakat sjöfarten vid Kullen i nordvästra Skåne och avgjort vilka skepp som skulle klara passagen.

kölpenning eller kölpänning, förr benämning på en avgift som fartyg hade att erlägga för att få gå in i en hamn.

laber vind, lätt vind.

ligga bi, ligga stilla på öppet vatten med fören mot vinden.

loda, mäta djupet, dvs avståndet till havets botten.

läddikan, en mindre innerlåda med lock i gamla sjömanskistor och brudkistor.

läst eller *svår läst*, ett gammalt mått för rymd eller vikt, som år 1725 i Sverige blev fastställd till 2 448 kg och som användes för att ange ett fartygs totala lastförmåga, dvs dödvikt. År 1863 ersattes den med *nyläst* (4 250 kg) för att år 1878 ersättas med registerton (se *rt*).

mannade rår, då besättningen står uppe i masterna längs rårna, en hedersbetygelse som traditionellt gavs statsöverhuvuden och kungligheter.

marvatten, det vatten som finns invändigt och runt ett fartyg som är vattenfyllt utan att ha sjunkit.

mesangaffel, den övre bommen på det gaffelsegel som sitter på den aktre masten (mesan) på ett fartyg med två eller fler master.

mil eller *minut*, nautisk mil eller distansminut, dvs 1 852 meter.

märs, en plattform i toppen av en undermast för att staga övre delen av masten (märsstången). Användes även som utsiktsplats.

Neptun, en havsgud enligt romersk mytologi. Sjömän som för första gången passerade ekvatorn blev döpta av Neptun (en befaren sjöman utklädd med skägg och treudd).

nrt (se rt).

Nyhamn, nuvarande Nyhamnsläge vid Öresund norr om Höganäs. Namnbytet gjordes när man fick järnväg 1910 och blev postort; det fanns fler Nyhamn i landet. Nyhamn var ett litet fiskeläge med liten hamn och inget varv, men ändå byggdes här på 1800-talet flera skutor, t.o.m. en bark på 272 ton.

nöddop, dop som förrättas av någon som inte är prästvigd, när ett barn riskerar att avlida innan man kan komma i kontakt med en präst (bland kristna trodde man att man efter döden inte kunde komma till himlen om man inte var döpt). Nöddopet skall när det blir möjligt bekräftas av en präst.

pale ale, ljust överjäst öl.

partrederi, då två eller flera fysiska eller juridiska personer går samman för att gemensamt bedriva sjöfart med eget fartyg.

passad eller *passadvind*, en tropisk vind mellan 30° N och 30°S. Norr om ekvatorn blåser den från nordost; söder om ekvatorn från sydost.

pitprops, props (av engelskan "pit props") var gruvstöttor av trä (vanligen tall eller gran) som användes i de brittiska kolgruvorna.

plimsollare, en skämtsam beteckning för icke sjövärdiga eller överlastade fartyg (ett plimsollmärke på ett fartyg anger hur djupt fartyget får ligga i vattnet).

purrning, dvs väckning.

raketapparat, en anordning för att med raket skicka över en lina till ett grundstött fartyg. Med linan kunde besättningen hala in en en grövre tross från land. Trossen fästes i skeppet och sedan kunde man med hjälp av linor hala en räddningskorg fram och tillbaka mellan land och det nödställda fartyget.

rdr, riksdaler, en svensk myntenhet som varade från 1500-talet till 1873, då den ersattes med kronor.

redd, det område utanför en hamn där fartyg kan ankra för att ta ombord förråd, passagerare, besökare etc eller för att vänta på en ledig kajplats.

reva, minska den mot vinden exponerade ytan på ett segel.

rigg är på seglande skepp det som finns över däck (master, rår, bommar, segel etc). Med exempelvis mesanrigg menas aktre masten, mesanmasten, med all den utrustning (segel, tåg etc) som hör till.

rt eller *registerton*, vilket är ett rymdmått som förr användes vid skeppsmätning och som anger ett fartygs inre volym. Ett registerton utgörs av 100 engelska kubikfot, vilket motsvarar 2,83 kubikmeter. Man använde sig av två mått: bruttoregisterton eller rt (den sammanlagda volymen av fartygets inneslutna och användningsbara rum) och nettoregisterton eller nrt (den sammanlagda volymen av fartygets lastutrymmen och passagerarutrymmen).

rum sjö, öppna havet.

rumpla runt, kovända med segelskepp, dvs vända med aktern mot vinden (ett mindre elegant sätt att vända).

råsegel, ett tvärstående segel som hänger under vågräta stänger, rår, på masten.

råsegelskonare eller *skonert*, en tvåmastad skonare med råsegel på främre masten.

signalbokstäver var ett fartygs igenkänningssignal och bestod av fyra flaggor, var och en representerande en bokstav (på s. 58 visar skonertskeppet Krona på aktersta masten dess signalbokstäver: HKST).

skans, besättningens förläggning/rum på fartyg.

skonare, ett i huvudsak snedsegelriggat fartyg med två eller fler master och med stormasten som andra mast.

skonertskepp, ett segelfartyg med minst tre master av vilka den förligaste, fock-masten, är helt råsegeltacklad medan övriga master har gaffelsegel.

skott, tvärvägg på fartyg.

skrubba, en plattfisk.

slingerläns, segling med vinden akterifrån medan fartyget rullar så att pumparna ömsom tar, ömsom inte tar vatten.

slätskonare eller *slättoppad skonare*, saknar rår och har gaffelsegel och gaffeltopp-segel på alla master.

snedsegel sitter i fartygets längdriktning (till skillnad från råsegel som sitter på tvärgående horisontella rår).

S/S, ångfartyg, efter engelska "steam ship" (medan till exempel S/V står för segelfartyg, "sailing vessel" och M/S för motorbåt, "motor ship").

stiltje, total frånvaro av vind.

stormsegel, mindre segel gjorda av kraftigare segelduk.

stuert, en intendent eller ekonomiföreståndare på handelsfartyg (av engelskan
"steward", som enligt Sjöfartsverket ursprungligen betyder "den som vaktar
svinstian").

styrbord, högersidan av fartyg (om man är vänd mot fören).

torr hamn, hamn som saknade dockanläggning. Vid ebb stod fartyget direkt på
botten.

tåg eller *tågvirke*, dvs rep, linor och trossar som består av tvinnade fibrer.

vindmölla, väderkvarn eller vindkraftverk (skånskt uttryck).

zeppelinare, ett luftskepp, bestående av en stor oval gasballong av duk, vanligen
fylld med vätgas, runt en metallställning, med motorer utanpå samt en korg
för besättning och passagerare under ballongen. Zeppelinare användes bland
annat under första världskriget för att fälla bomber över städer, fartyg etc.